PPP与公共财政创新丛书

Public Performance Budgeting

Principles and Practice

公共绩效预算

原则与实践

[美] 陆　毅
凯瑟琳·威洛比　著

Elaine Yi Lu
Katherine Willoughby

马蔡琛 等译
马蔡琛 审校

Routledge
Taylor & Francis Group

东北财经大学出版社
Dongbei University of Finance & Economics Press
大连

辽宁省版权局著作权合约登记号：图字06-2019-165号

Public Performance Budgeting：Principles and Practice /by Elaine Yi Lu，Katherine Willoughby/
ISBN：978-1-138-69595-5
Copyright © 2019 by Routledge
Authorized translation from English language edition published by Routledge，part of Taylor &
Francis Group LLC；All Rights Reserved.
本书原版由Taylor & Francis出版集团旗下Routledge出版公司出版，并经其授权翻译出版。版权所
有，侵权必究。

Dongbei University of Finance & Economic Press is authorized to publish and distribute exclusively
the Chinese（Simplified Characters）language edition. This edition is authorized for sale through-
out the Mainland of China. No part of the publication may be reproduced or distributed by any means，
or stored in a database or retrieval system，without the prior written permission of the publisher.
本书中文简体翻译版授权由东北财经大学出版社独家出版并仅限在中国大陆地区销售，未经出版者书
面许可，不得以任何方式复制或发行本书的任何部分。

Copies of this book sold without a Taylor & Francis sticker on the cover are unauthorized and
illegal.
本书贴有Taylor & Francis公司防伪标签，无标签者不得销售。

图书在版编目（CIP）数据

公共绩效预算：原则与实践 / （美）陆毅（Elaine Yi Lu），凯瑟琳·威洛比（Katherine Willoughby）
著；马蔡琛等译.—大连：东北财经大学出版社，2020.7
（PPP与公共财政创新丛书）
ISBN 978-7-5654-3820-2

Ⅰ．公… Ⅱ．①陆…②凯…③马… Ⅲ．国家预算-预算管理-研究 Ⅳ．F810.3

中国版本图书馆CIP数据核字（2020）第053929号

东北财经大学出版社出版发行
　大连市黑石礁尖山街217号　邮政编码　116025
　网　　址：http：//www. dufep. cn
　读者信箱：dufep @ dufe. edu. cn
大连图腾彩色印刷有限公司印刷

幅面尺寸：170mm×240mm　字数：197千字　印张：13.75
2020年7月第1版　　　　　2020年7月第1次印刷
责任编辑：刘东威　　　　　责任校对：吉　佳
封面设计：张智波　　　　　版式设计：钟福建
定价：46.00元

教学支持　售后服务　联系电话：（0411）84710309
版权所有　侵权必究　举报电话：（0411）84710523
如有印装质量问题，请联系营销部：（0411）84710711

译者前言

追求效率是人类生活的永恒主题，自公共财政诞生以来，公共资源的使用效率始终是一个常话常新的命题。在当今的世界，政府预算已成为影响公共组织行为最有效的治理工具。通过政府预算，社会各界可以了解政府的工作，透视政府的活动，评价政府收支运作的成本，考核政府工作或活动的绩效。

随着公共财政关注社会民生的政府理财观念转型，社会各界对于公共支出的绩效问题，也呈现日趋关注的态势。如果从1999年前后的部门预算改革算起，新一轮中国政府预算改革启动以来的20多年间，预算绩效管理与绩效评价可谓"风生水起"。在现代预算制度的建设过程中，应该融合更多的政策分析和管理方法，采用现代信息化分析手段，以提升公共决策的绩效，更好地体现公共服务的公众满意度水平，有效地推动政府预算的各利益相关主体更加关注预算决策过程、运行秩序和绩效结果。通过建立较具操作性和科学性的预算绩效指标框架体系，实现对公共支出现实效果的相对客观评价，尤其是针对公共财政满足民生需求和社会发展的状况，加以相对精确的测度和较为详细的刻画，这将有助于最终实现"依法用好百姓钱"的政府理财目标。

2018年9月，《中共中央 国务院关于全面实施预算绩效管理的意见》在万众期盼中终于正式发布了，这是中国现代财政制度建设的一件大事。在未来的视野中，当我们回眸中国财税改革的艰辛历程时，一定会发现，全面实施预算绩效管理，对于国家治理体系和治理能力的现代化进程而言，其影响无疑是相当深远且持久的。

1.全面实施预算绩效管理是推进国家治理体系和治理能力现代化的内在要求。预算是政府的血液，如果我们不说政府应该怎样做，而说政府预算应该怎样做，就可以更加清晰地看出预算在国家治理中的重要作用。政府预算集中体现了政府活动的范围和方向，诠释了政府公共受托责任的履行与实现情况。而作为衡量政府职责履行与实现程度的重要尺度，就是公共财政所提供的公共产品和服务的效率与质量。从这个意义上讲，凡现代国家必有财政预算，凡财政预算必须讲求绩效。因此，全面实施预算绩效管理体现了不断优化政府治理体系与提升政府治理能力的时代要求。

2.全面实施预算绩效管理是深化财税体制改革、建立现代财政制度的重要内容。在中共十八届三中全会发布的《中共中央关于全面深化改革若干重大问题的决定》中，明确了建立现代财政制度的财税改革总体方向。在党的十九大报告中，党中央提出"建立全面规范透明、标准科学、约束有力的预算制度，全面实施绩效管理"。综观现代政府预算的演化进程，总体上呈现出从"控制取向"逐步走向"绩效导向"的发展趋势。其早期阶段的功能设计是"控制取向"的，强调古典预算原则所倡导的"明确"与"约束"原则，注重通过控制预算收支，实现立法机构对行政机关的有效控制。然而，随着政府职能与规模的不断拓展，政府在引领经济社会发展中需要发挥越来越重要的作用，逐渐成为一种社会思潮，客观上要求公共部门在预算问题上更具主动性。某些发达经济体由于预算执行中的支出控制太多、过于严格，制约了各部门的创新能力和灵活性。于是在20世纪50年代，出现了以加强政府财政权为主导思想的现代预算原则。与新公共管理运动引入公共部门之间的内部市场竞争相适应，逐步采用了赋予行政部门更多自由裁量权的绩效导向型预算管理模式，以鼓励创新与节约。半个多世纪以来，各国的预算制度已然从早期更具控制性的约束工具，逐渐转化为国家治理的重要制度载体与支撑平台。现代各国的预算改革与制度建设，在追求决策理性化的过程中，逐渐演化出一系列更具绩效导向性与财政问责性的管理工具。全面实施预算绩效管理改革方略的提出，恰逢中国预算改革处于从"控制取向"走向"绩效导向"的关键转换节点，从而构成了深化财税体制改革、建设现代财政制度的重要内容。

3. 全面实施预算绩效管理是优化财政资源配置、提升公共服务质量的关键举措。尽管对于政府预算的绩效是否可以通过考核评价来加以测度，在预算发展史上也曾存在某些分歧，但随着政府会计和财务报告系统的改进，现代信息与通信技术在预算和财政系统中的良好应用，预算绩效是可以数量化测度这一观点已日益成为广泛的共识。进入 21 世纪以来，中国政府预算收支规模不断迈上新台阶，2011 年全国财政收支就已突破 10 万亿元人关，2017 年全国一般公共预算支出接近 20 万亿元。面对规模如此庞大的公共预算资金，如何才能做到"好钢用在刀刃上"？如何有效避免预算执行中的"跑冒滴漏"现象？如何最大限度地提升公共资源的边际配置效率和实现政府行政成本的有效约束？预算绩效考评系统发挥预期作用的资源限制条件是什么？需要投入多大的努力来支持绩效考评系统？哪些资源可以用来支持绩效指标数据的收集？这些颇难回答却必须做出正面回应的现实问题，将有望在全面实施预算绩效管理的改革方略中找到答案，这无疑是优化财政资源配置、提升公共服务质量的关键举措。

展望未来，我们有理由相信，中国的预算绩效管理改革事业，如果能够基于当今世界预算绩效管理的发展潮流、中国传统理财经验的斟酌取舍和中国现实国情的沧桑正道，从这样的多元维度来加以谋划，那么距离最终到达成功的山巅，应该并不遥远！

在这样的时代背景下，我们将陆毅教授和威洛比教授合作撰写出版的新著《公共绩效预算：原则与实践》翻译介绍给国内的读者，它是一本颇具参考和借鉴价值的读物。至于他山之石能否攻玉，相信读者朋友们通读本书后会有各自的体会，所谓"仁者见仁、智者见智"，也就无须译者赘述了。

本书是由我在南开大学带领的研究团队共同完成的，团队成员包括：苗珊、桂梓椋、赵青、管艳茹、赵笛、朱旭阳、夏宇锋、白铂、张奕涵。在此一并致谢!

因时间紧迫，水平所限，或有不尽如人意之处，望读者朋友们批评指正。

最后祝福中国预算绩效管理改革的未来！

马蔡琛

2020年3月于白河之津

中译版序言

我们的合作研究已有十多年了。这一次，我们从美国各州政府丰富的法律、预算文件、财务和绩效评估与报告，以及有关这些政府预算、预算编制和绩效计划的学术研究中筛选出相关数据。我们最初的研究对象是确定计划、采用或可能使某种绩效预算系统合法化的州。这项早期工作——对国家绩效预算法律进行汇总、比较、评分以及定期更新——有着公开的框架，各州使用这些框架来构建预算过程，以便测量和评估政府绩效，并确保获得更好的预算结果。迄今为止，超过4/5的州都由绩效预算法规定其流程。我们对这些法律的评分表明，法律规定涵盖了广泛的范围。极为全面的法律规定了绩效指标的制定、审查和监督、拟制定和报告的指标类型，并规定预算与机构及全州的战略、项目和目标之联系；而非常宽松或有限的法律，可能仅要求州预算主管收集绩效数据以及其他预算、财务和管理信息，目的是向州长汇报机构活动、服务和计划。我们的研究得出明确的结论，更全面的法律将会更好地支撑更完善的制度实践以及各州之财政运行。尽管如此，有限法律的存在，也并不一定意味着绩效预算应用不力或未获应用。同样，没有法律规定的州，在存在行政命令的情况下，采用绩效预算也是可能的。

本书更加深入地研究了州政府内部对绩效预算的使用，尤其是"第一线"的管理人员和员工如何使用这种系统。除了了解法律法规的要求外，我们还试图观察从事政府工作的人员如何将绩效信息应用于预算，以及绩效预算的应用又是如何影响预算的。为此，我们决定研究美国各州提供的青少年司法①服务。考虑到与通过司法系统管理罪错少年相关的巨额成本，从与警察和法院的互动，到可能的缓刑、社区服务或监禁以及其他教育计划，这一职能领域是特别引人注目的。但是，要使青少年们从有人看守的牢房监禁，过渡到"自然状态"或通过社区照管取得更好的效果，时下的努力离不开管理和财政费用。为了对此进行调查，我们使用了多种研究方法——从各州青少年司法机构收集预算、财政和绩效数据，对各州机构负责人进行调查，然后对14个有绩效预算法的州之青少年司法官员进行电话采访。

我们的发现是令人鼓舞的。鉴于我们发现每个绩效预算系统都是不同的，并且通过各种方式了解预算过程和影响预算结果，因此我们得到的结果是很精细的。在绩效预算的应用方式上，没有两个州是相同的。我们对整个典型预算周期内绩效数据的广泛使用感到惊讶，并且最特别的是，机构官员在与立法者讨论其计划时表示非常重视指标。也就是说，代理机构在应用绩效预算来"教育"立法者他们应该做什么和如何做时，考虑了真正的价值。重要的是，青少年司法官员认为，绩效数据可以帮助他们在拨款审议过程中更有效、更有力地向立法者提供支撑依据。有了数据，机构官员就能描绘出在开展政府业务时需要在法律、组织、财政甚至技术方面的约束条件下，平衡处理青少年司法事务的复杂性需求。我们的发现在两个方面令人欢欣鼓舞：（1）各州都在使用绩效预算。参与调查和访谈的那些官员表示，他们致力于研究、测量和讨论计划和机构的绩效，以掌握预算过程。几乎所有的人都声称，绩效数据对于他们的工

①　在美国，少年犯罪称为juvenile delinquency，是与成年人犯罪的crime有区别的概念。目前，国内关于此问题之相关概念（青少年/少年）的界定，尚未达成共识。youth在联合国的定义中为15岁至24岁的群体，一般译作"青少年"。在本书中，为方便起见，统一将相关概念译为"青少年"，不加以区分——译者注。

作很重要，尽管事实上其他有关决策者（立法机关和/或州长）可能未必真正理解数据所告诉他们的东西；（2）绩效预算在短期内影响政策（在这个例子中，是在青少年司法机构内制订计划），然后在长期内影响预算。令我们很高兴的是，绩效预算似乎可以通过更好地向决策者提供信息来改善预算流程，并可以通过将资金重新聚焦于政策变化来改善预算。下一个十年的合作即将开始，我们满意于这些发现，并打算投入精力以探索各州和各计划之间的绩效预算－政策变更－预算结果框架的优势。我们确定了影响绩效预算的几项原则，包括：促进成功（确定有效的方法）、筛选和捕捉（评估对未达到绩效目标的计划进行更多监督的需求）、传播观点（向利益相关者传达绩效结果）和保持规范程序（遵守绩效报告要求）。简而言之，我们认为这项工作是朝着绩效驱动型治理迈出的重要一步。

我们希望中国的同行、实际从业者和学者们能够认同这项研究，并了解全球绩效预算和管理及应用结果之进展。我们尤其有兴趣了解由实际背景、法律基础以及文化、运营和技术因素组成的概念框架，在其他治理系统中是否适用。公共绩效预算是政府的一项使命。我们将继续探索这些原则，以实行有效的绩效预算，并期待听到这种做法如何影响全球其他政府投资回报的消息。

最后，特别感谢南开大学经济学院马蔡琛教授及其带领的研究团队，对本书中译本面世所付出的辛勤工作。谨致谢忱！

陆毅　凯瑟琳·威洛比

2019 年 10 月

致　谢

在这个为期两年的著述研究项目中，许多人士为本书贡献了他们的洞见、时间和支持。我们要最衷心地感谢州政府的专业人士，他们慷慨地同意接受采访，并为这一终稿作出了如此广泛的贡献。聆听他们的工作经历，对我们来说，是一次受益匪浅的学习经历。由于"人员受访者"（human subjects）研究协议的限制，我们不能提及那些提供帮助者的名讳，但我们非常感谢他们的支持。

我们的研究合作伙伴——绩效标准研究机构（PbS）——极大地完善了我们的研究过程，这是一个旨在为美国青少年司法机构、设施和监舍提供者提供研究支持的标准制定机构。执行主任 Kim Godfrey 为调查工具提供了宝贵的反馈意见，其所在的组织也给予调查工作极大的帮助。为此，我们需要感谢我们的同事，纽约市立大学约翰·杰伊刑事司法学院的 John Warren "Ned" Benton，他在研究项目开始时向我们引荐了 PbS。感谢约翰·杰伊刑事司法学院的另一位同事 Kevin T. Wolff 对测量州青少年司法服务和项目绩效的洞见。

还要感谢那些提供有价值的和适时的研究帮助的同学们。他们是佐治亚州立大学的 MPA 学员 Anna Sexton；纽约市立大学约翰·杰伊刑事司法学院公共管理系的 MPA 学员 Tanisha Morrison；以及佐治亚州立大学公共行政和政策系公共行政学博士生 Jungyeon Park。佐治亚州立大学在 2018 年春季学期修读 PADP 6930（公共财政管理）课程的 MPA 学员们，在研究的最后阶段为我们提供了帮助。

我们还需要特别感谢各自的家庭成员。如果没有他们的帮助和理解，我们将无法连续数小时进行研究和撰写书稿。陆毅想要感谢她的父母和丈夫承担了大量的家务，感谢她善良、积极配合并提供支持的两个儿子 Alex 和 Benson。凯瑟琳·威洛比一如既往地感谢来自 Dan 的爱和支持，以及她的三个孩子 Forrest、Hart 和 Anna 一直以来对生活充满了兴趣并持以积极的态度。这本著述项目能够功德圆满，着实不易。谨致谢忱！

目　录

第 1 章　一项各州政府共同的使命

引言

本书旨在将公共绩效预算的基本要素与整体框架中的实践结合起来，并将支持性的理论与实证性证据加以整合。我们描述了绩效预算系统的法律基础、观点和实践，以及绩效预算的实施对政府能力和公共服务绩效的影响。我们认为，从更具普遍性的观点理解，绩效预算是推动这些系统更好"运行"的关键。这里所说的"普遍性"是指，判断在整个传统的公共预算过程中是否（以及如何）将绩效预算应用于预算编制、拨款决策、执行周期以及最终审计和评估。

不言而喻，世界各国政府不得不在财政萎靡的"新常态"下继续运行。发生在希腊的金融危机表明，世界各国政府面临着持续的预算压力。人们一直希望这个时代能变得更好些，但恪守以往的承诺以及公众对政府解决问题的期望，在短期内并不会实现，从长远来看似乎也不可行。寻求为公共预算过程注入有效、可靠的成本和绩效数据，以及测量和考察政府以活动结果为导向的努力成效，对于加强公共部门财政的未来可持续性而言，是至关重要的。

在这种持续的"新常态"下，我们丝毫不必惊讶于世界各国政府史无前例地引入并应用现代绩效预算（Williams，2004）。尽管这些努力无处不在，但对成功实施绩效预算的理解仍然有限，特别是在机构层面。2002年至2011年间，研究者对主要学术期刊中绩效预算的相关研究做了系统回顾，发现了绩效预算实施中27个非常重要的因素（Lu，Mohr and Ho，2015）。在本书中，我们将研究如何整合这些因素，以支持绩效预算的成功实践。迄今为止，对于绩效预算的理解尚未形成一个明确、整体和动态的框架。针对绩效测量现状的一般性述评，Yang和Hsieh（2007，p.861）指出："关于政府绩效测量的文献主要是描述性和规范性的，对理论建构和假设检验的关注有限。"我们认为，这也广泛适用于绩效预算和绩效测量。Lu、Mohr和Ho（2015，p.444）则指出："许多（关于绩效预算的）研究缺乏明确的理论框架，用来指导那些定性和定量分析。"在本书中，我们提出了涵盖美国50个州并专门针对州青少年司法项目进行了原创性研究，以揭示绩效如何与公共预算和政府结果结合起来，以及影响和可能的意外后果。我们认为，仅仅声称（informs）绩效数据能够为预算提供信息已然远远不够了。本书主要聚焦于绩效信息影响（influences）公共治理的具体方式及程度。

1.1 什么是绩效预算？

尽管绩效预算在各国政府中的推广已然成为过去数十年中的一个共同趋势，但其定义仍旧远未明确。作为长期从事公共预算改革的学者，佐治亚州立大学名誉教授Tom Lauth曾经直白地定义了这一概念："绩效预算就是将绩效与资源分配决策纳入同一张表格。"管理学大师Peter Drucker及其同事（2015，p.50）则认为，这个概念要求领导者考虑这样一个问题："我们是否能够提供足够优秀的结果，来证明将资源投入这一领域是合理的？"他们强调说，"仅凭'需要'并不能证明持续这样做是合理的，仅凭'传统'也同样不能。你必须将你的使命、你的关注点同你的结果相匹配"（Drucker，Hesselbein and Snyder Kuhl，2015，p.51）。实际上，就绩效预算的任何定义而言，都需要了解绩效与预算这两者是如何联系的及其联系的程度如何。绩效与预算的关系尚未形成定论，也很难在实践中梳理清楚。

1.1.1 绩效预算的功能层面

关于绩效预算的海量文献形成了若干反复出现的主题。

第一，绩效预算具有功能性，因为它将新的功能引入了预算编制过程。在早期研究中，我们将绩效预算定义为需要"执行机构制定战略规划、目标及宗旨，考量结果成本，制定绩效指标，以及评估绩效"（Lu，Willoughby and Arnett，2009，p.267）的系统。联邦预算官员协会（NASBO）将绩效预算定义为"在预算流程中，无论是在预算编制、审批、执行阶段，还是审计和评估阶段，其中有关计划目标和绩效的信息，以某种方式嵌入支出决策"（NASBO，2014，p.1）。绩效预算"以理想的形式"在整个预算周期中利用绩效信息，这些信息将支持每个阶段的决策，基于此类信息的资源分配和计划执行，将促进政府行动、服务和计划取得更好的结果。不幸的是，对于这样的系统并没有已知的理想结构，也没有已知的促成这种结果预算之最佳实践。公共绩效预算系统可能包括这样一部分或全部的功能要素，对于这些要素，政府可以通过法律、行政授权和（或）行政协议或政策要求来加以规定：

- 经由绩效测量而生成的责任分配
- 审查责任的分配、计划目标以及目标的修订
- 基数、长期计划或战略计划的制定
- 成本评估
- 趋势分析
- 替代方案评估
- 考虑更富效率和效果的资源使用方式
- 战略计划与计划目标，目标和绩效指标之间的关联
- 定期评估，绩效审计或测量及结果报告

正如人们所认为的那样，各政府之间的制度差别很大。许多是"层级化"（layered）努力的结果，包括法律、行政授权和（或）行政政策数十年来所规定之要求；许多制度是从特定政府的长期实践演变而来的，而其他制度则是作为"间歇性"改革而实施的。不过，还是存在一些与公共绩效预算系统相关的术语和定义，涉及指标、报告、预算和管理。

- 需求指标——评估公共服务需求
- 投入指标——为开展公共服务、活动、计划提供的资源
- 短期或产出指标——与时间和资源相关的工作量
- 中期或活动指标——工作量
- 长期或成果指标——实现计划目标的程度
- 项目评估——评估项目有效性和目标实现的分析报告
- 战略计划——将纳入目标的未来计划同预算和成本数据相联系
- 绩效管理——整合绩效预算、测量报告并实现管理的持续改进，不断学习并从政府计划、服务和活动中获得更好的结果

1.1.2 绩效预算的文化层面

第二，绩效预算具有文化性。绩效预算有别于传统的投入导向预算，因为它在流程和决策制定中添加了产出和（或）结果维度。这就需要改变预算文化的范式。公共预算虽然是例行公事，但却是一个在政治领域中运作的复杂过程，并且此过程伴随着许多干扰（interruption）。为了降低复杂性，预算决策者的一个"理性"策略就是根据"基数"（上一年度的预算）来逐步修改预算。在 Davis、Dempster 和 Wildavsky（1966，p.530）的眼中，"大众对该组织基础的深切期望，提供了一种强有力的（虽然是非正式的）确保稳定的手段"。传统上，关键的预算决策者，例如执行机构、预算办公室和立法者，往往基于那些日常工作中的特定"计算"。美国政府问责署（GAO，1997，p.5）描述了联邦绩效预算的早期应用，旨在"将重点从政府投入转向其功能、活动、成本和成效"。鉴于传统预算的重点和机制，这种转变需要通过意义重大的文化运动，促使利益相关者重新审视如何进行预算编制并评估预算。这样的挑战类似于角色重建。这需要时间，并不容易完全实现或顺利实现（Andrews，2004；Grizzle and Pettijohn，2002；Kasdin，2010；Melkers and Willoughby，2005；Stalebrink and Frisco，2011；Sterck and Scheers，2006；West，Lindquist and Mosher-Howe，2009）。尽管如此，政府中"绩效文化"（performance culture）的存在，一直被认为是执行绩效预算的重要因素（Moynihan，2015）。

1.1.3 绩效预算的整合层面

第三，绩效预算具有整合性，在这个过程中，绩效信息和活动应该而且可以与所有四个阶段结合起来（即提案 / 编制、批准 / 通过、执行、审计）。也就是说，预算和绩效的运行并不是两条平行线；相反，它们应该被塑造成一组像 DNA 那样有序组合又互相影响的结构。相关活动往往包括项目、机构乃至全系统之间的战略性绩效整合、绩效测量、报告和评价，以及在决策中使用绩效信息，而且这种整合可以从绩效预算法开始。Lu 及其同事（Lu，Willoughby and Arnett，2009，p.266）的研究发现，"绩效导向预算"中的领导者，更可能采用法律的方式，包括适用于所有预算编制阶段的具体规定、与战略计划相关的测度、测量报告的要求以及关于测量、结果评估及审计的规定。这一结论与 Joyce（2003）先前呼吁的在整个预算周期内"审议预算与绩效整合的全面框架"是不谋而合的。关于绩效信息及其与预算编制的联系，传统研究关注行政和立法预算办公室对实施情况的阐释。直到最近，才关注机构层面，[①]主要关注在各机构内部绩效预算的适用性（Lu，2007）。研究表明，那些最有可能参与绩效测量的制定并积极参与预算编制和执行的机构，其预算要求更容易在预算审批过程中得到核准。换言之，一个机构的预算决策是否以绩效为依据，会对预算过程的其他部分产生连锁反应（Lu，2007）。

1.1.4 绩效预算的关系层面

第四，绩效预算具有关联性。将绩效数据纳入包括预算决策在内的政府业务流程，往往被视为一种决策工具。然而，决策是由许多扮演不同角色的利益相关者作出并执行的。为了使绩效活动及其信息能够与预算编制很好地结合起来，利益相关者之间的关系必须形成一股支持力量。我们首先要意识到，这些不同的利益相关者在绩效预算编制方面确实可以发挥作用，特别是机构工作人员（Joyce，2003；Lu，2007）、主管和领导（Behn，2002；Lu and Willoughby，2015）、预算执行者（Grizzle，1987；Jordan and Hackbart，2005）、立法者及其

---

① 本书中的机构(agency)一词,主要是指具体使用公共预算资金的支出机构——译者注。

财政人员（Bourdeaux，2006；Bourdeaux and Chikoto，2008；Lu，Willoughby and Arnett，2009）、审计人员（Hanfbauer，1993；Wheat，1991）、公民（Ho and Coates，2002）和专家（Coplin，Merget and Bourdeaux，2002；Ho and Ni，2005；Williams，2004）。这些利益相关者现在被认为是积极参与绩效预算编制的关键，但他们之间的关系像预算编制一样复杂。例如，机构毫无疑问需要参与绩效预算，但一些研究者注意到了其中的局限性。Bourdeaux（2008，p.547）指出，"对于立法者来说，机构似乎并不是特别值得信赖的信息来源"。Lu（2011）解释道，以机构主导的绩效预算方法，只能实现预算与绩效之"平均"程度的整合。

在绩效预算各利益相关者之间的关系中，最现实的概念就是分担的（shared）责任和行动。例如，民选官员的兴趣和参与改进了各机构编制预算时对绩效信息的应用（Lauth，1985）。此外，这种分担的性质取决于许多其他因素，如绩效指标的目的（Behn，2003）。近来的更多研究发现：

参与式的模式较之个人参与的构建方式是不同的，有效的模式因使用绩效信息的目的不同而有所差别。此外，对外部专业人员和公民开放的模式，也由各机构、行政办公室和立法部门来共同负责，并针对各种目的量身定制方法，这样就更有可能将绩效信息同管理和预算有效结合起来。

（Lu，2011，p.79）

绩效预算的关联性，强调了以下问题的必要性，那就是在绩效预算中深入理解关键利益相关者的角色。

1.1.5 什么是绩效预算？

关于绩效预算有几个需要注意的说明。绩效预算不能被理解为绩效与资金之间的直接（机械）联系。事实上，如果以绩效来主导预算，那将是针对公共价值的潜在挑战，一些学者会提出一些令人信服的论据（Radin，2006；Shah and Shen，2007）。这些学者认为，在作出预算决策时，公共需求等价值应该比绩效更加重要。表1-1描述了绩效与资金结合的不同方案。虽然绩效和资金之间似乎应该是正相关的，但实际情况是，负相关也是同样合理的。如果绩效分析表明，缺乏绩效的部分原因是缺乏资源投入，那么为表现不佳的项目增加资金，当然也是合理的。实际上，如何评估与资金相关的绩效，还是要视具体情况而定（Moynihan，2006）。

表1-1		模糊的绩效-资金关系	
		绩效	
		高	低
资金	增加	单元1：是否合理？	单元2：是否合理？
	减少	单元3：是否合理？	单元4：是否合理？

　　此外，对绩效预算的理解并非是一成不变的；绩效预算的定义随着时间的推移而演变。例如，用Ngram模型①（Jean-Baptiste et al.，2010）搜索过去55年来出版的著作，其结果就颇为值得关注。我们发现，"绩效预算化"（performance budgeting）这一概念在这一时期比"绩效预算"（performance budget）更受欢迎。[1]对我们而言，这表明人们认识到将绩效与预算相结合的动态过程，较之静态的"结果"更具影响力，这一结果在传统上被理解为最终投入。真正的整合是一个"过程"，这将影响整个预算进程中的关系和活动，以及不同时间点上所作出的预算。

　　针对美国联邦绩效法案的研究反映出绩效预算的上述演变过程，表1-2总结了最近的法律以及实施提案。在克林顿执政时期，1993年《政府绩效与结果法案》（GPRA）的通过，将绩效预算工作的重点，放在战略规划以及绩效信息的制定和报告上，特别是机构层面。在随后的小布什执政时期，联邦政府的重点转向通过项目等级评价工具（PART）来测量和报告计划进展及结果。PART在提高绩效透明度以及与利益相关者的绩效沟通方面获得了很大成功。

---

　　① Ngram指的是n元语法模型，它是基于(n-1)阶马尔可夫链的一种概率语言模型，通过n个语词出现的概率来推断句子的结构关系。该模型基于这样一种假设，第n个词的出现只与前面n-1个词相关，而与其他任何词都不相关，整句的概率就是各个词出现概率的乘积。这些概率可以通过直接从语料库中统计n个词同时出现的次数得到。在实际应用中，常使用1阶、2阶和3阶等低阶模型，分别称为Unigram模型、Bigram模型和Trigram模型——译者注。

在奥巴马执政时期，规定了跨机构优先事项（CAP），通过季度报告将绩效文化制度化，设立了首席绩效官（Chief Performance Officer，CPO），在与国会下属的委员会打交道时使用绩效信息，所有这些努力都远远超出了行政部门的事务范围。事实上，如表1-2所示，在美国联邦政府层面，对绩效预算的理解并非一成不变。

表1-2　　　　　　　　美国联邦政府出台的与绩效预算相关的提案

立法或执行提案	《政府绩效与结果法案》，1993	布什总统的管理议程（PMA），2001；PART，2004财年	奥巴马总统的管理议程；《政府绩效与结果现代化法案》，2010
总统任期	克林顿（1993—2000）	布什（2001—2008）	奥巴马（2009—2016）
	● 要求制订**战略**计划；关注行动之外的结果（GAO，1997） ● 要求联邦机构制订**年度绩效计划**和报告，以解决绩效差异问题（Willoughby and Benson，2011） ● 增加绩效信息供给（Joyce，2011） ● 在**机构拨款论证**中使用绩效指标（Jones and McCaffery，2010）	● 呼吁**绩效与预算相结合**（OMB，2003） ● 使用"交通信号灯"系统来关注项目（而非机构）的绩效 ● 基于问卷调查对**项目进行评分（PART）**，包括项目目的、战略计划、项目管理和项目结果 ● 通过在OMB网站上发布完整的PART来提高绩效**透明度**（Joyce，2011；Willoughby and Benson，2011） ● OMB与机构之间更多的绩效**沟通**（Jones and McCaffery，2010；GAO，2005）	● OMB制定了**CAP**目标，而机构制定了机构优先目标（APG）（GAO，2015） ● 在公开的网站上按**季度报告**优先目标（GAO，2011） ● 设立**首席绩效官**，负责整个政府层面的绩效以及协调机构间项目绩效的联络工作 ● 建议**减少绩效不佳的机构资金**；确定并关注高优先级的绩效目标；在确定指标和目标方面，下放**给各机构更多自主权**；为具体的项目评估和成本收益分析提供**时间和资源**（Joyce，2011；Willoughby and Benson，2011） ● 要求OMB和机构与**相关立法委员会**就绩效进行磋商，以改进国会决策（GAO，2011）

1.2　实践的普遍性：谁在致力于绩效预算?

由于政治、财政和行政的原因，各国政府都肩负着追求更好的绩效和实行问责制的共同使命。预算是政府行动和管理有限资源的核心；经济、高效和合乎伦理地利用这些资源，是政府官员、公共预算人员、主管人员及工作人员的使命。如前所述，世界各国政府针对预算进行的普遍改革，就是绩效预算或所谓的以绩效为基础的预算。在美国，自1993年GPRA通过以来，每位总统都将绩效问责作为政府的优先事项。随着2010年《政府绩效与结果现代化法案》的通过，联邦政府显示了进一步加强绩效问责制的兴趣。在美国的州政府中，推动财政绩效问责制的法案也已获得通过。根据Lu和Willoughby（2012，p.72）的数据，"20世纪90年代是美国各州绩效预算法的黄金10年，有26个州通过了新的绩效预算法，而在20世纪80年代或更早的时候仅有5个州通过了这样的法律"，"2012年1月，40个州的绩效预算法已然出台"。2018年初，42个州制定了法律，要求以某种形式编制绩效预算（第2章将对此进行讨论）。在对联邦预算官员协会（NASBO）成员的调查（2014，p.3）中，"44%的受访者表示，其所在的州使用'绩效预算'这一术语来描述其预算编制方法——主要是与其他的预算编制方法结合使用的"。对地方层面（local level）①的研究发现，绩效预算不仅仅是一种管理工具。例如，Ho指出（2011，p.397），"（地方政府）部门报告的绩效指标越多，则其部门内的预算变化就越大"。

1.2.1　绩效预算的益处

各国政府从实施绩效预算中获得了诸多益处。Arizti及其同事（2010）研

---

①　local level或者local government，如果仅仅从字面翻译，译为"地方层面"或者"地方政府"是没有问题的。但是，美国的地方政府（local government）其实仅仅是州以下的一个政府层级，更加接近于中文语境下的"基层政府"之概念。而与我们通常理解的地方政府概念相对应的，也就是包括省、市、县、乡等层级的地方政府，在英文语境下大多采用"subnational level"的表述，我们一般译为"次国家层面"，尽管比较拗口，但也只有如此才能加以区分。这不仅仅是一个翻译技术上的问题，以房产税为代表的地方税改革，也深受这一理解差异上的误导，故有必要加以强调——译者注。

究了拉丁美洲以及经济合作与发展组织（OECD）成员国的预算体系，认为成功的绩效预算体系在政府和公众之间建立了信任。他们的研究提供了一个绩效预算应用的总体（国家层面）观点。鉴于不同国家治理体系和治理能力的背景差异很大，他们的评估无法提供成功实施绩效预算体系的原则清单。Joyce（2012）通过对数十年间美国联邦预算体系的研究发现，政府绩效预算系统是一项"正在建设中的工作"，这项工作产生了先进的绩效数据，尽管国会在作出拨款决定时，已经注意到了这些数据，但这些数据仍然主要在机构内部使用。Blanchard（2007）在研究了美国国家航空航天局（NASA）和小企业管理局（SBA）这两个联邦机构的绩效预算之后，针对机构提出了具体的建议。与Joyce（2012）的评估一致，即迄今为止，美国联邦政府的绩效预算申请，尚未覆盖各个政府分支机构。

对美国州一级绩效预算体系的研究表明，那些具有更多"综合法律"（更严格的要求和责任）的州，会更多地利用绩效预算。此外，与不实行绩效预算的州相比，从长期来看，那些始终如一地实施绩效预算的部门，会拥有更加良好的财政状况（Lu and Willoughby，2012）。Behn（2014）对在美国各地政府和项目中实施的PerformanceStat计划进行了全面的评估。他主要考察的是，领导者如何（并负责任地）保证政府内部持续地进行绩效评估，同时又如何成功地建立绩效信息系统，以使绩效预算能够提升项目的成效。

关于绩效预算体系对美国各州的影响，大多数研究均表明，绩效预算体系在行政机构编制预算（特别是在管理工作）中得到了更多且更有效的运用，而并非在立法者对资源分配的决策中得以使用（Melkers and Willoughby，1998；Jordan and Hackbart，2005；Willoughby and Melkers，2000；Hou et al.，2011）。Hou及其同事（2011）也发现，各州绩效预算的使用，在经济发展良好时期，比在经济衰退期间更为广泛。Moynihan（2008）研究了三个州的绩效管理，并提供了思考这一概念的新方法，其中一些是与绩效预算相关的（笔者使用斜体来强调重点）：

- *孤立的绩效信息系统并不是绩效管理（也不是绩效预算）*
- *象征性采用绩效管理并不意味着失败（同样适用于绩效预算）*

- 绩效信息不是主观的
- 绩效管理（和绩效预算）的关键挑战在于，如何推动绩效信息的使用
- 为了成功并有效使用绩效信息期望值，经常需要改变
- 绩效信息的使用主要发生在机构层面上
- 绩效管理（和绩效预算）为机构提供了一个参与政策改革的工具
- 绩效管理（和绩效预算）取决于其他组织因素的成功

Melkers 和 Willoughby（2007）认为，国家体系的可变性和系统构成的不断演变，导致我们难以找到任何"唯一最佳的方式"。十多年前，他们就得出结论，大多数系统尚未超越对项目结果的考量，更未能聚焦于管理或预算决策的结果。而现代的绩效预算概念也不只是诸如此类的简单理念：激励和制裁是合理的且对系统有效性至关重要，或者（经过测量的）绩效能够单独决定拨款。Lu 及其同事（2009，2011）以及 Lu 和 Willoughby（2015）的研究认识到绩效预算系统（当然是已作为州法案）本身的独特性质。也就是说，法律可能规定了在预算过程中的某个时间点编制和报告绩效结果的简单要求（抑或更加复杂的要求），这就需要将机构战略计划与整个政府层面的计划和预算联系起来，并且（或者）使用所有预算阶段的绩效数据。

Melkers 和 Willoughby（2007）总结了他们十年来对各州绩效预算的研究，认为绩效指标的使用改善了政府内外的沟通。持续参与绩效预算的好处在于能够形成组织文化，在这种文化下，员工熟悉指标的编制，并且能够轻松分析和讨论这些指标，以调整项目或服务的绩效以及实施进度。Jordan 和 Hackbart（2005）也承认应用绩效预算可能带来的好处。他们强调，美国州政府实施的绩效预算，改善了问责机制，促进了政府内部的决策者与外部利益相关者的沟通，提高了政府透明度，这些由于制度的实施所带来的结果本身就是值得关注的事情。

1.3　为什么要关注州青少年司法服务项目？

本书有别于绩效预算领域的现有文献，因为它关注的是州机构，尤其是州

青少年司法服务项目。我们关注的是一个州政府职能领域，因为无论是获得学术资金资助的研究（Joyce，2003；Lu，2011）还是智库之外的研究都表明，绩效预算的机构/项目视角，是为实施公共项目改革而提供一流知识储备的下一步。由于以下几个原因，我们深入研究了州青少年司法服务项目。首先，这一领域正在发生重大转变——受众基础和项目理念均已发生了相当大的变化（Greenwood and Welsh，2012）。最值得注意的是，在美国全国范围内，州青少年司法系统致力于减少需要监禁的青少年人数。然而，这些人存在的问题是非常严重和复杂的，对项目的设计和实施提出了挑战，许多观点认为需要提高该系统的运作效率。也就是说，无论是100张床还是500张床，安全设施都要包括工作照明灯和安全系统、充足的补给品和设备并配备足够的人员。

其次，州为这些青少年提供服务项目的成本相当高，降低这些项目成本的努力从未停止。许多需要配备安全设施的青少年现在正在转向自然（natural）照管或社区照管，但这种照管仍然代价很高，正如那些支持使用安全设施的人所指出的那样（Greenwood and Welsh，2012）。我们所研究的州青少年司法服务总投入占州总收入的比重，从不足0.5%到2.0%不等。2015年，美国各州政府获得了约1.3万亿美元的可支配一般性收入（U.S.Department of Commerce，2018）。因此，2015年州政府对青少年司法服务的投资，保守估计约为130亿美元。正如McCarthy、Schiraldi和Shark（2016，p.12）所强调的那样，

根据司法政策研究所2015年的一份报告，监禁成本因州而异，但每个州昂贵的设施成本平均为401美元/天，146 302美元/年。考虑到羁押时间，34个州报告称，它们监禁一名青少年的花费在10万美元以上。

而且，即使对犯罪青少年的照管从安全设施转向社区，其成本仍然很高。

最后，州青少年司法机构制定的指标以及收集和报告的数据，规模庞大且易于获取。[2]在随后的章节中，我们试图分析其中的大部分数据。可以理解的是，通过州干预青少年犯罪所带来的成效是巨大的——它可以促进这些失足青少年成长为富有生产力（并纳税）的成年人，进而提升个人和社区的健康、安全、财政可持续性和活力。

1.4 研究战略的基础：我们的分析框架

本节详细介绍了我们的研究方法，这种方法可以为我们调查研究、与州青少年司法管理人员进行访谈，以及收集财政和绩效数据提供帮助。这一方法的框架如图1-1所示。我们认识到，各机构在预算周期的每个阶段都发挥着作用，并且都是绩效预算实践的组成部分。自Joyce（2003）提出了绩效-预算整合的可能方法以来，研究预算周期推进中主要利益相关者的角色愈发受到重视（Lu，Mohr and Ho，2015；Lu，2007）。在最近的一项研究评估中，Mauro、Cinquini和Grossi（2017，p.926）呼吁，未来的绩效预算研究需要进一步提高"概念清晰度；在整个预算周期中考察各种目标和绩效信息的使用"。这与我们采用的方法是一致的——研究整个预算周期中绩效信息的各种用途。

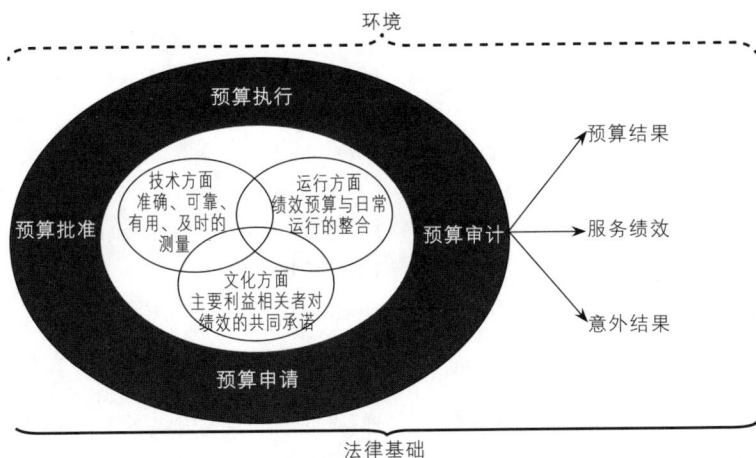

图1-1 绩效预算使用和结果的概念框架

针对绩效信息在整个公共预算周期的不同用途，我们考察并参考了以往的文献。表1-3说明了绩效信息在预算编制中的使用情况，这些信息有助于指导我们确定本研究所考虑的机构和行政人员参与的依据。该表包括支持我们将每个项目纳入在线调查的研究参考。Joyce（2003）在研究中巧妙地介绍了按预算阶段（预算申请、批准、执行和审计）分列的绩效数据的可能用途。除了Joyce的列示，我们借鉴了自己以及其他学者的相关研究，这些研究涉及在利益相关者和整个预算过程中使用的有关绩效预算的法律条款。例如，Lu、Willoughby和Arnett（2009）汇总了美国各州的绩效预算法，研究了这些政府绩效评估规定和使用的具体要求。Melkers和Willoughby的研究（2004，2005）提供了各利益相关者如何以不同方式使用绩效信息的路线图，这具体取决于其职位（例如，中央/行政预算分析师相较于机构人员的对比）。Moynihan（2006）以其"对话理论"（dialogue theory）为视角，指出在该领域沟通对于有效执行绩效预算的重要性，而Ammons和Roenigk（2014）的研究提高了人们对基准（benchmarking）及其与绩效预算系统之间关系的认识。

表1-3　　　　　　绩效测量应用的研究基础：基于预算阶段的项目

预算编制及要求	支持线上调查内容的研究
论证继续拨款的正当性	Lu，2007；NASBO，2015
论证增加拨款的合理性	Lu，2007；NASBO，2015
论证在机构下属单位之间战略性分配资金的合理性	Joyce，2003
确定服务上存在的差距	Lu，Willoughby and Arnett，2009；NASBO，2015
确定什么是有效的	Lu，Willoughby and Arnett，2009；NASBO，2015
确定机构内的交叉服务	Joyce，2003
比较内部提供的服务与合同外包的服务	Joyce，2003
支持机构的战略计划	Kelly and Rivenbark，2003；Lu，2007；NASBO，2015；Schick，1966
遵守绩效报告的要求	Lu，Willoughby and Arnett，2009；NASBO，2015
如果项目涉及多个机构合作，则需要报告跨部门目标和目标的执行进度	U.S. GAO，2016 and 2015
其他，请注明	作者的附加说明
立法机关的预算审查和批准	
向立法机关说明预算申请的合理性	Lu，Willoughby and Arnett，2009；NASBO，2015
说明缘何向出资人提出申请，而不是向州基金	Joyce，2003
遵守绩效报告的要求	Lu，Willoughby and Arnett，2009；NASBO，2015

续表

预算编制及要求	支持线上调查内容的研究
沟通绩效进展或挑战	Lu，2007；Moynihan，2006；U.S.GAO，2014
其他，请注明	作者的附加说明
预算执行	
在机构各下属单位之间分配资金	Joyce，2003
在区域（地方）办事处之间分配资金	Joyce，2003
沟通绩效期望	Lu，2007；Moynihan，2006；U.S.GAO，2014
监控成本和绩效	Joyce，2003
支持支出的灵活性以实现战略重点	Melkers and Willoughby，2004
根据绩效来重新分配员工	Melkers and Willoughby，2004
基准数据	Ammons and Roenigk，2014；Melkers and Willoughby，2004
提供绩效工资	Perry，Engbers and Jun，2009
向利益相关者传达绩效结果	Lu，2007；Moynihan，2006；U.S.GAO，2014
追踪绩效	Melkers and Willoughby，2004
遵守绩效报告的要求	Lu，Willoughby and Arnett，2009；NASBO，2015
确定薪资增长	Melkers and Willoughby，2005
识别计划是否成功并确定机构奖励	Melkers and Willoughby，2005
其他，请注明	作者的附加说明
预算审计和评估	
评估绩效进展和挑战	Melkers and Willoughby，2004
奖励具有绩效灵活性的高绩效者	Melkers and Willoughby，2005；作者对州政府绩效预算法的解读
奖励高绩效员工特定的购买权	Melkers and Willoughby，2005；作者对州政府绩效预算法的解读
允许在财年结束时，保留尚未支出且无规定用途的拨款余额	Melkers and Willoughby，2005；作者对州政府绩效预算法的解读
为高绩效项目的员工提供额外补偿	Melkers and Willoughby，2005；作者对州政府绩效预算法的解读
降低不符合绩效目标之项目的预算灵活性	Melkers and Willoughby，2005；作者对州政府绩效预算法的解读
评估是否需要更多地监督不符合绩效目标的项目	Melkers and Willoughby，2005；作者对州政府绩效预算法的解读
遵守绩效报告的要求	Lu，Willoughby and Arnett，2009；NASBO，2015
其他，请注明	作者的附加说明

接下来，我们查阅了州政府层面的联邦预算官员协会（NASBO）报告和联邦政府层面的美国政府问责署（GAO）报告，这些报告提供了定期和全面的基准调查实践，密切关注"实地"和"实时"发生的事件。这些报告帮助我们认识到预算中绩效信息的新用途。尽管列在最后，但绝非无关紧要的是，我们回顾了Schick（1966）关于公共预算的经典著作，以确保我们的研究包括预算的若干维度：控制、管理和规划。

制定这类清单的一个挑战是，所参考的大部分研究只是考察了广泛意义上的绩效预算，但未能将绩效信息的具体用途与特定的预算阶段联系起来。为了适应这种情况，我们对绩效信息在不同阶段的使用作出了一些判断，我们对哪项措施最有可能应用在哪个特定阶段，并可在预算周期内的多个阶段共同使用某项措施（例如预算辩论）加以考虑。出于谨慎（和好奇），我们为绩效测量使用的每个阶段添加了一个响应项，"其他，请注明"，以获取列表中可能遗漏的那些内容。我们的绩效信息使用清单反映了绩效预算的多个方面，并说明了在预算周期的每个阶段绩效可以为预算提供实用的信息。

接下来，我们考察了文献中已经确定的、对于绩效与预算整合来说至关重要的因素。我们之前已经注意到，在关于绩效预算的文献综述中，Lu、Mohr和Ho（2015）识别了与这种关系相关的27个因素。他们对未来研究的一个建议就是，"确定关键变量，而不是在分析中提出更多的变量；同时还要考察框架中各变量的相互关系，尤其是改革目标、改革战略、政治、行政能力以及领导力"（Lu，Mohr and Ho，2015，p.447）。这些建议迫使我们寻找一种合理的方法来组织众多变量，这些变量被认为会影响绩效、测量和预算之间的联系。

我们对文献的评价，基于如下（重复出现的）与绩效－预算之影响因素相联系的相关主题。首先，*法律基础很重要*（Bruel，2007；Chi，2008；Lu，Willoughby and Arnett，2009；Meier and McFarlane，1996）。这是一个不断发展的领域。我们在本书中提供了一些案例，说明为什么这很重要，并对各州的绩效预算法进行了广泛的评估。我们更新了以往针对法律所做的研究，并深入探讨了具体细节，以便明确在我们所研究的机构和管理者中发现或未发现的证据。我们的目标并不是提出一种包含特定组成部分——直至包括所有普适的和理想化的细节——的全能法律。相反，我们认为，应采用多种方式来表明立法意图并保持一致性，这才有可能指导绩效预算的有效实施。

其次，背景很重要（Andrews，2004；Ho，2018；Hou，Lunsford，Sides and Jones，2011；Jordan and Hackbart，2005；Lu，Mohr and Ho，2015）。我们聚焦于研究州政府的青少年司法职能和用于此类工作的绩效预算，以使其具有可比性。对于本书中介绍的每一个州的经验，我们都总结出了该州的绩效预算法及其当前财政运行状况的概要情况，然后研究青少年司法服务和项目、目标陈述以及绩效导向工作的组织和管理。因此，我们能够比较各州在绩效预算法、财政状况和青少年司法运行方面的实践。

关于绩效导向体系之特征的文献特别丰富，其中包括各利益相关方对绩效导向的支持（Andrews，2004；Bruel，2007；deLancer Julnes and Holzer，2001；Lu，Mohr and Ho，2015；Moynihan and Lavertu，2012；Posner，2009），实时数据的可得性（Breul，2007；Lu，Mohr and Ho，2015），目标一致性（Moynihan，2005），以及测量质量监督及成熟度（U.S.GAO，2015；Melkers and Willoughby，2004，2005；Radin，2011；Willoughby and Benson，2011）。以往的研究教会了我们如何对各种因素加以分类。也就是说，对绩效预算法律基础的研究表明，州法律中最常见的特别条款首先是与测量相关的内容，其次是与绩效整合相关的内容（Lu，Willoughby and Arnett，2011）。此外，贯穿这些文献的一条线索就是，在共同的责任——在法律中，对各利益相关者明确规定了若干绩效责任（Lu，Willoughby and Arnett，2009）。这一发现与综合性的文献综述（Lu，Mohr and Ho，2015）所得出的结论相吻合，这些文献综合考察了2002年至2011年间各类研究所包含的影响因素（即测量、各利益相关方的支持和运营整合）。

因此，在研究州政府青少年司法服务和项目之绩效预算所采用的方法时，我们研读了大量文献，寻找预算测量的应用模型以及各种因素的实践意义，然后将这些因素划入合理的类别。我们相应设计了三个类别或概念，如图1-1所示。

1.文化方面——（主要利益相关者）对绩效的共同承诺。除了政府以外的主体，我们还包括了预算过程中的主要利益相关者。

2.技术方面——准确、可靠、有用和及时的测量。

3.运行方面——绩效预算与日常运行的整合。我们涵盖了那些可以增加或减少绩效预算与日常运行整合的机会。

表1-4总结了我们在研究中使用的各个项目（包含在线调查），这些项目构成了以上分组中的每个概念。考虑到每个概念涉及的各种因素，需要研究这些概念的多重维度。每个概念都具有多重维度的另一个原因是，需要逐一分析每个方面并测试其对实践的重要性，以便梳理出具有极大简约性的模型。第4章到第7章始终遵循此处列出的分析架构：介绍并解释预算周期（绩效预算）每个阶段中绩效信息的使用，分析州青少年司法行政人员在线调查的结果，并将预算阶段对绩效指标的使用与上述三个概念相关联，这对于绩效预算的实施非常重要，进而在每一章的最后，结合相关州青少年司法行政人员的访谈结果，进行深入的案例分析。预算阶段所选择的案例强调了我们所发现的特定州之绩效预算法，这些法律对于预算阶段有着重要意义。

表1-4　　　　　　　　　按照相关概念列入在线调查的项目

文化方面——对绩效的共同承诺

机构领导者

机构管理人员

机构工作人员/项目工作人员

州长

中央/行政预算办公室

议会

立法预算办公室

审计人员/审计办公室

接受服务的青少年和家庭成员

一般公众

支持者

技术方面——测量

我们的绩效指标与社会福祉相关

我们会定期检查绩效指标是否适当

我们有充足的资源来编制绩效指标

我们很容易收集绩效数据

我们使用多种指标来评估各个项目成果

我对绩效测量的看法受到其他人的重视

我的机构有清晰、可测量的目标

我的机构在过去两年已经使用过绩效指标

总的来说，我们相信绩效测量系统中生成的数据

将绩效指标与我们机构的项目结果结合起来很容易

运行方面——与绩效的整合

我们定期召开有关绩效进展的会议

我们定期收到有关项目绩效的反馈

我们使用绩效数据来监控战略计划的实施

我们定期使用绩效指标来调整我们的战略计划

我们是一个数据驱动的机构

评估绩效结果有助于我们作出更好的决策

评估绩效结果有助于我们更好地履行使命

我们使用绩效数据来判断项目是否成功

我们的机构在资金周转方面有一定的预算灵活性

我们的机构为满足服务需求而可用的预算非常紧张

我们的机构在确定人事问题方面具有一定的灵活性

我们机构的组织结构适合使用绩效指标

　　最后需要强调的是，仅就其自身而言，以绩效为导向的活动和绩效预算并不意味着终极目标。人们认为"终极目标"是对资金产生影响。虽然早期研究并没有发现绩效预算与最终拨款之间具有直接关联的明确证据，但最近更多关于数据和（或）实验设计应用的研究，已经提供了其对预算产生影响的一些证据。例如，Gilmour和Lewis（2006）发现，PART分值会通过预想的方式来影

响预算选择。Ho（2011）发现，更多的部门内部项目的预算变化，与自身预算中更多的绩效测量活动有关。Moynihan（2015）发现，目标模糊性和目标中设定的绩效期望值的不确定性，与较低的资源分配相关，Labinot（2017）发现，用于立法考量的绩效信息之可获得性，导致预算的更大偏离。通过这项研究，我们希望进一步探索绩效预算之于预算结果的影响。

另一个未被研究的"终极目标"就是绩效预算对服务绩效的影响。美国GAO（2005，p.20）发现，PART行动"是长期项目改进之路上必不可少的第一步，但预计不会在短期内导致可观察到的项目改进"。因此该报告得出结论，"到目前为止，PART似乎对基于成果的项目结果之影响有限。"大约5年后，另一份GAO报告（2011）似乎对影响项目绩效的前景更加充满信心，得出的结论认为，2010年的《政府绩效与结果现代化法案》，通过减少浪费和改善管理，提供了应对绩效挑战的机会。本书采用州一级的数据来进一步探索这一问题。

我们的框架旨在研究绩效预算的意外后果（如果有的话）。公共管理文献对该主题进行了更广泛的讨论（Bevan and Hood，2006；Courty and Marschke，2007；Hood，2006；Kelman and Friedman，2009；Smith，1995）。此外，公共预算学者也发出了警告（Bischoff and Blaeschke，2016；Posner and Fantone，2007；Radin，2006；Shah and Shen，2007），特别是那些质疑绩效和预算更紧密整合之合理性的人。人们对预算的绩效数据可能产生的意外后果问题，还远未充分理解。本书旨在揭示实施绩效预算之意外后果的存在性（甚至普遍性）。

1.5 研究方法和章节顺序

在本项研究中，我们把对于研究者和从业者非常重要的那些变量集中在一起，并将这些因素整合到一个改进的理论一致的整体模型之中。我们采用多种方法为所提出的框架提供实证基础。在第2章中，我们提供了美国50个州的初步调查数据，这些数据涵盖了最近20年间这些州政府关于绩效预算的法律，以及我们在2016年进行的更新。第3章提供了一手和二手数据，概述目前在美国实行的州青少年司法项目，进而在比较各州绩效预算法的基础上，考察其在青少年司法领域的组织特点和运行方向；针对选定州的青少年司法预算趋势和绩效标准进行了案例评估。本章的部分数据是由佐治亚州立大学公共行政研究生在2018年春季的公共财政管理课程（由我们之中一位作者讲授）上收集的。我们给每名学生分配一个州政府，去研究和报告它的预算实践和绩效数据，一共涵盖13个州[3]（见附录A）。

第4章至第7章考察了贯穿四个预算阶段——预算编制（budget development）、预算通过（budget passage）、预算执行（budget execution）和预算审计（budget audit）——的州青少年司法之绩效预算。这些章节利用了作者在2017年收集的主要数据，使用州青少年司法机构负责人和管理人员的全国在线调查（电子调查），了解他们在各个预算阶段对绩效预算的应用，以及关于如何将绩效预算应用于州青少年司法服务的看法。[4]作者补充了2017年对来自14个州的19名州青少年司法人员进行半结构化电话访问的在线调查，其中包括绩效预算法，以评估他们在绩效预算方面工作的经历（见附录A）。[5]此外，在所有章节中，针对个别州和青少年司法机构的案例评估，我们使用了从相关的州政府预算、财务和绩效文件中收集的财政和绩效数据。我们聘请了佐治亚州立大学的一名公共管理博士生，在2017年秋季学期和2018年春季学期，收集并整合了所有州和机构的数据。第8章基于我们的研究结果，分析了绩效预算的影响。第9章基于多项研究工作，得出了未来如何制定绩效预算的结论，以及运用这一结果和框架来理解绩效预算的影响。

1.6 结论

本书是关于政府如何通过更好的预算来获得更有效结果的一次努力。在本章中，我们提出了公共绩效预算的定义和解释，这些定义和解释同政府参与改革的努力一样，是具有普适性的。尽管如此，绩效预算的所有这些考虑因素中的一个首要主题就是，更好的信息可以支持更明智的决策，并且会获得更好的结果。在本书中，我们关注美国州政府的微观层面，尤其是在州青少年司法服务方面。这个政府职能部门成本非常高。考虑到执行方式的显著变化——特别是从监狱转到基于社区的自然方式——以及目前管理犯罪青少年所面临的多重挑战，即使过去二十年来被监禁的青少年的人数显著下降，我们也需要考虑这些成本。强调州青少年司法机构的工作，对于确保国家能有充满活力的未来是至关重要的——这些计划的成功，提高了青少年成长为健康、于社会有贡献的成员之能力。我们有兴趣了解有助于提升这种能力的方法。我们的这一努力也是为了提出原创性的研究来解释"正在发生的事情"，目的是尽可能充分地讲述绩效预算的真实情况。我们明确了绩效预算研究与其实践的相关性，以及将绩效预算应用于财政和项目评估的可能性。的确，这是各州政府共同的使命。

注释

1.Ngram 中最新的公开数据是 2000 年的（Jean-Baptiste et al.，2010）。

2.虽然州青少年司法机构收集和报告数据，但许多其他机构也收集和分析这些信息。

本研究使用到的数据来自下列网站：

●青少年司法地理、政策、实践和统计（www.jjgps.org）

●青少年司法信息交流（https：//jjie.org）

●青少年司法政策研究所（www.justicepolicy.org）

●绩效标准研究机构（http：//pbstandards.org）

●美国司法部——青少年司法和犯罪预防办公室（www.ojjdp.gov）

这些机构不一定提供财政数据和青少年司法标准，大多数仅提供汇总数据。这使我们无法使用这些二手数据源，将特定州的青少年司法绩效指标与青少年司法机构或项目预算联系起来。

3.佐治亚州立大学 MPA 研究生研究的 13 个州是：亚拉巴马州、加利福尼亚州、特拉华州、夏威夷州、印第安纳州、艾奥瓦州、肯塔基州、密西西比州、内布拉斯加州、新墨西哥州、俄克拉何马州、弗吉尼亚州和华盛顿州。

4.我们要感谢绩效标准研究机构及其执行主任 Kim Godfrey 对在线调查的实施所提供的帮助。

5.作者进行电话采访的 14 个州是：亚利桑那州、科罗拉多州、康涅狄格州、佛罗里达州、爱达荷州、路易斯安那州、密苏里州、内华达州、俄亥俄州、南卡罗来纳州、田纳西州、得克萨斯州、犹他州和怀俄明州。

参考文献

Ammons, D. N., and Roenigk, D. J. (2014). Benchmarking and interorganizational learning in local government. *Journal of Public Administration Research & Theory,25*(1),309-335.

Andrews, M. (2004). Authority, acceptance, ability and performance-based budgeting reforms. *International Journal of Public Sector Management,17*(4),332-344.

Arizti, P., Brumby, J., Manning, N., Senderowitsch, R., and Thomas, T. (2010). *Results,performance budgeting and trust in government.* The International Bank for Reconstruction and Development. Washington, D.C.: The World Bank.

Behn, R. D. (2014). *The PerformanceStat potential: A leadership strategy for producing results.* Washington, D.C.: Brookings Institution Press.

——. (2003). Why measure performance? Different purposes require different measures. *Public Administration Review,63*(5),586-606.

——. (2002). The psychological barriers to performance management. *Public Performance & Management Review,26*(1),5-25.

Bevan, G., and Hood, C. (2006). What's measured is what matters: Targets and gaming in the English public health care system. *Public Administration,84*(3),517-538.

Bischoff, I., and Blaeschke, F. (2016). Performance budgeting: Incentives and social waste from window dressing. *Journal of Public Administration Research & Theory,26*(2),344-358.

Blanchard, L. A. (2007). Performance budgeting: How NASA and SBA link costs and performance, in Breul, J. D., and Moravitz, C., eds., *Integrating performance and budgets: The budget office of tomorrow.* New York, NY: Rowman & Littlefield,169-223.

Bourdeaux, C. (2008). Integrating performance information into legislative budget processes. *Public Performance & Management Review,31*(4),547-569.

——. (2006). Do legislatures matter in budgetary reform? *Public Budgeting & Finance, 26*(1),120-142.

Bourdeaux, C., and Chikoto, G. (2008). Legislative influences on performance management reform. *Public Administration Review,68*(2),253-265.

Breul, J. D. (2007). GPRA: A foundation for performance budgeting. *Public Performance & Management Review,30*(3),312-331.

Chi, K. S. (2008). *Four strategies to transform state governance.* Washington, D.C.: IBM Center for the Business of Government.

Coplin, W. D., Merget, A. E., and Bourdeaux, C. (2002). The professional researcher as change agent in the government-performance movement. *Public Administration Review,62*(6),699-711.

Courty, P., and Marschke, G. (2007). Making government accountable: Lessons from a federal job training program. *Public Administration Review,67*(5),904-916.

Davis, O. A., Dempster, M. A. H., and Wildavsky, A. (1966). *A theory of the budgetary process.* Berkeley, CA: University of California.

deLancer Julnes, P., and Holzer, M. (2001). Promoting the utilization of performance measures in public organizations: An empirical study of factors affecting adoption and implementation. *Public Administration Review*, 61(6), 693–708.

Drucker, P. F., Hesselbein, F., and Snyder Kuhl, J. (2015). *Peter Drucker's five most important questions*. Hoboken, NJ: Wiley.

Gilmour, J. G., and Lewis, D. E. (2006). Does performance budgeting work? An examination of the Office of Management and Budget's PART scores. *Public Administration Review*, 66(5), 742–752.

Greenwood, P. W., and Welsh, B. C. (2012). Promoting evidence–based practice in delinquency prevention at the state level: Principles, progress and policy directions. *Criminology & Public Policy*, 11(3), 493–514.

Grizzle, G. A. (1987). Linking performance to funding decisions: What is the budgeter's role? *Public Productivity Review*, 10(3), 33–44.

Grizzle, G. A., and Pettijohn, C. D. (2002). Implementing performance–based program budgeting: A system–dynamics perspective. *Public Administration Review*, 62(1), 51–62.

Hanfbauer, G. (1993). *Activist performance auditing in Cincinnati*. Association of Local Government Auditors.

Ho, A., and Coates, P. (2002). Citizen participation: Legitimizing performance measurement as a decision tool. *Government Finance Review*, 18(2), 8–10.

Ho, A. T. (2018). From performance budgeting to performance budget management: Theory and practice. *Public Administration Review*. Online only: February 11. https://doi.org/10.1111/puar.12915.

——. (2011). PBB in American local governments: It's more than a management tool. *Public Administration Review*, 71(3), 391–401.

Ho, A. T. K., and Ni, A. Y. (2005). Have cities shifted to outcome–oriented performance reporting? A content analysis of city budgets. *Public Budgeting & Finance*, 25(2), 61–83.

Hood, C. (2006). Gaming in targetworld: The targets approach to managing British public services. *Public Administration Review*, 66(4), 515–521.

Hou, Y., Lunsford, R. S., Sides, K. C., and Jones, K. A. (2011). State performancebased budgeting in boom and bust years: An analytical framework. *Public Administration Review*, 71(3), 370–390.

Jean–Baptiste, M., Shen, Y. K., Aiden, A. P., Veres, A., Gray, M. K., The Google Books Team, Pickett, J. P., Hoiberg, D., Clancy, D., Norvig, P., Orwant, J., Pinker, S., Nowak, M. A., and Aiden, E. L. (2010). Quantitative analysis of culture using millions of digitized books. Science. Published online ahead of print: December 16. doi: www. sciencemag. org/content/early/2010/12/15/science.1199644.

Jones, L. R., and McCaffery, J. L. (2010). Performance budgeting in the U.S. federal government: History, status and future implications. *Public Finance and Management*, 10(3), 482–523.

Jordan, M. M., and Hackbart, M. (2005). The goals and implementation success of state performance–based budgeting. *Journal of Public Budgeting, Accounting & Financial Management*, 17(4), 471–487.

Joyce, P. G. (2012). Performance-informed budgeting in the U.S. national government: An evolutionary approach and a work in progress. No. 19 (71409). The World Bank, Special Series on The Nuts and Bolts of M & E Systems. From the Poverty Reduction & Economic Management Network.

——. (2011). The Obama administration and PBB: Building on the legacy of federal performance-informed budgeting? *Public Administration Review*, 71(3), 356-367.

——. (2003). Linking performance and budgeting: Opportunities in the federal budget process. Washington, D.C.: IBM Center for the Business of Government.

Kasdin, S. (2010). Reinventing reforms: How to improve program management using performance measures. *Public Budgeting & Finance*, 30(3), 51-78.

Kelly, J. M., and Rivenbark, W. C. (2003). *Performance budgeting for state and local government.* Armonk, NY: M. E. Sharpe.

Kelman, S., and Friedman, J. N. (2009). Performance improvement and performance dysfunction: An empirical examination of distortionary impacts of the emergency room wait-time target in the English National Health Service. *Journal of Public Administration Research & Theory*, 19(4), 917-946.

Labinot, D. (2017). What can performance information do to legislators? A budgetdecision experiment with legislators. *Public Administration Review*, 77(3), 366-379.

Lauth, T. P. (1985). Performance evaluation in the Georgia budgetary process. *Public Budgeting & Finance*, 5(1), 67-82.

Lu, Y. (2011). Individual engagement to collective participation: The dynamics of participation pattern in performance budgeting. *Public Budgeting & Finance*, 31(2), 79-98.

——. (2007). Performance budgeting: The perspective of state agencies. *Public Budgeting & Finance*, 27(4), 1-17.

Lu, Y., Mohr, Z., and Ho, A. T. (2015). Taking stock: Assessing and improving performance budgeting theory and practice. *Public Performance & Management Review*, 38(3), 426-458.

Lu, Y., and Willoughby, K. (2015). Performance budgeting in American states: A framework of integrating performance with budgeting. *International Journal of Public Administration*, 38(8), 562-572.

——. (2012). Performance budgeting in the states: An assessment. *IBM The Business of Government*, Fall/Winter, 71-75.

Lu, Y., Willoughby, K., and Arnett, S. (2011). Performance budgeting in the American states: What's law got to do with it? *State and Local Government Review*, 43(2), 79-94.

——. (2009). Legislating results: Examining the legal foundations of PBB systems in the states. *Public Performance & Management Review*, 33(2), 266-287.

Mauro, S. G., Cinquini, L., and Grossi, G. (2017). Insights into performance-based budgeting in the public sector: A literature review and research agenda. *Public Management Review*, 19(7), 911-931.

McCarthy, P., Schiraldi, V., and Shark, M. (2016). The future of youth justice: A community-based alternative to the youth prison model. *New Thinking in Community Corrections*

Bulletin. NCJ 250142.

Meier, K. J., and McFarlane, D. R. (1996). Statutory coherence and policy implementation: The case of family planning. *Journal of Public Policy, 15*(3), 281-298.

Melkers, J. E., and Willoughby, K. G. (2007). Staying the course: The use of performance measurement in state governments, in Breul, J. D., and Moravitz, C., eds., *Integrating Performance and Budgets: The Budget Office of Tomorrow*. New York, NY: Rowman & Littlefield Publishers, 71-106.

——. (2005). Models of performance-measurement use in local governments: Understanding budgeting, communication and lasting effects. *Public Administration Review, 65*(2), 180-190.

——. (2004). *Staying the course: The use of performance measurement in state governments*. Washington, D.C.: IBM Center for the Business of Government.

——. (1998). The state of the states: Performance-based budgeting requirements in 47 out of 50. *Public Administration Review, 58*(1), 66-73.

Moynihan, D. P. (2015). Uncovering the circumstances of performance information use: Findings from an experiment. *Public Performance & Management Review, 39*(1), 33-57.

——. (2008). *The dynamics of performance measurement: Constructing information and reform*. Washington, D.C.: Georgetown University Press.

——. (2006). What do we talk about when we talk about performance? Dialogue theory and performance budgeting. *Journal of Public Administration Research & Theory, 16*(20), 151-168.

——. (2005). Goal-based learning and the future of performance management. *Public Administration Review, 65*(2), 203-216.

Moynihan, D. P., and Lavertu, S. (2012). Does involvement in performance management routines encourage performance information use? Evaluating GPRA and PART. *Public Administration Review, 72*(4), 592-602.

National Association of State Budget Officers (NASBO). (2015). *Budget processes in the states*. Washington, D.C.

——. (2014). *Investing in results: Using performance data to inform state budgeting*. Summer. Washington, D.C.

Perry, J. L., Engbers, T. A., and Jun, S. Y. (2009). Back to the future? Performance-related pay, empirical research, and the perils of persistence. *Public Administration Review, 69*: 39-51. doi: 10.1111/j.1540-6210.2008.01939_2.x.

Posner, P. L. (2009). Budget process reform: Waiting for Godot. *Public Administration Review, 69*(2), 233-244.

Posner, P. L., and Fantone, D. M. (2007). Assessing federal program performance: Observations on the U.S. Office of Management and Budget's Program Assessment Rating Tool and its use in the budget process. *Public Performance & Management Review, 30*(3), 351-368.

Radin, B. (2011). Federalist no. 71: Can the federal government be held accountable for performance? *Public Administration Review*, 71, S128-S134.

——. (2006). *Challenging the performance movement: Accountability, complexity, and democratic* values. Washington, D.C.: Georgetown University Press.

Shah, A., and Shen, C. (2007). A primer on performance budgeting. *Budgeting and budgetary institutions*, 137-178. Accessed on September 5, 2017 at: www.siteresources.worldbank.org/PSGLP/Resources/ShahandShenpaper.pdf.

Schick, A. (1966). The road to PPB: The stages of reform. *Public Administration Review*, 26(4), 243-258.

Smith, P. (1995). On the unintended consequences of publishing performance data in the public sector. *International Journal of Public Administration*, 18(2-3), 277-310.

Stalebrink, O. J., and Frisco, V. (2011). PART in retrospect: An examination of legislators' attitudes toward PART. *Public Budgeting & Finance*, 31(2), 1-21.

Sterck, M., and Scheers, B. (2006). Trends in performance budgeting in seven OECD countries. *Public Performance & Management Review*, 30(1), 47-72.

U.S. Department of Commerce. (2018). United States Census Bureau, State and Local Government Finance, Table 1. State and Local Government Finances by Level of Government and by State: 2014-15. Accessed on April 30, 2018 at: www.census.gov/govs/local/.

U.S. Government Accountability Office (GAO). (2016). Managing for results: OMB improved implementation of cross-agency priority goals, but could be more transparent about measuring progress. No. GAO-16-509. Washington, D.C.

——. (2015). Managing for results: Implementation of GPRA Modernization Act has yielded mixed progress in addressing pressing governance challenges. Washington, D.C.

——. (2014). Managing for results: Agencies' trends in the use of performance information to make decisions. No. GAO-14-747. Washington, D.C.

——. (2011). Government performance: GPRA Modernization Act provides opportunities to help address fiscal, performance, and management challenges. Washington, D.C.

——. (2005). Performance budgeting: PART focuses attention on program performance, but more can be done to engage Congress. No. GAO-06-28. Washington, D.C.

——. (2005). *Performance budgeting: States' experiences can inform federal efforts.* February, No. GAO-05-215. Washington, D.C. Accessible online: www.gao.gov/cgi-bin/getrpt? GAO-05-215.

——. (1997). *Performance budgeting: Past initiatives offer insights for GPRA implementation.* No. GAO/AIMD-97-46. Washington, D.C. Accessible online: www.gao.gov/products/AIMD-97-46.

U.S. Office of Management and Budget (OMB). (2003). *Performance measurement challenges and strategies.* Washington, D.C. Accessible online: https://georgewbush-whitehouse.archives.gov/omb/performance/challenges_strategies.html.

West, W. F., Lindquist, E., and Mosher-Howe, K. N. (2009). NOAA's resurrection of program budgeting: Déjà vu all over again? *Public Administration Review*, 69(3), 435-447.

Wheat, E. M. (1991). The activist auditor: A new player in state and local politics. *Public Ad-*

ministration Review, *51*(5), 385-392.

Williams, D. W. (2004). Evolution of performance measurement until 1930. *Administration & Society*, *36*(2), 131-165.

Willoughby, K., and Benson, P. (2011). Program evaluation, performance budgeting and PART: The U.S. federal government experience. International Studies Program, Georgia State University, Working Paper 11-12 (May).

Willoughby, K., and Melkers, J. (2000). Implementing PBB: Conflicting views of success. *Public Budgeting & Finance*, *20*(1), 105-120.

Yang, K., and Hsieh, J. Y. (2007). Managerial effectiveness of government performance measurement: testing a middle-range model. *Public Administration Review*, *67*(5), 861-879.

第2章 绩效预算的基础

引言

本章重点介绍构建于美国各州政府法律之上的绩效预算的基本情况。通过深入分析各州的绩效预算法，并对这些法律进行定期报告和对比，可以提供更多独特的比较视角。本章将呈现美国各州迄今为止最全面的绩效预算法律。一个日益显著的趋势是，各州采取了独特的方式将这种做法合法化，并对实践产生了影响。有些州在执行绩效预算方面有相当健全的法律框架，另一些州则显得有些不够完善。研究表明，绩效预算法的内容对规制各州实践的力度和财政运行状况有很大影响。同时，没有这样的法律并不妨碍绩效预算的使用，周详的法律也未必就会达成良好的实践。各州继续推进绩效预算的法制化——如今，42个州已经制定了法律，要求在预算中采用某种形式的绩效测量。下面，我们将对这些法律进行描述与汇总，进而从相当有限的内容拓展到非常全面的诸多法律细节，来探讨各州执行绩效预算的实践。

2.1　绩效预算的依据：过去数十年间

Melkers 和 Willoughby（1998）最先提出了（由立法或执行机构驱动的）全面评估计划，要求美国 50 个州的政府机构实施某种形式的绩效预算。他们（1998，p.66）将"基于绩效的预算"定义为"要求对机构任务和目标进行战略规划，并且提供与项目结果有关的可量化的数据……还可能需要依据特定目标对机构进展做出评估"。此外，研究者们试图确定实施绩效预算系统的责任方，实施的时间表、与之相关的激励或惩罚（针对机构），以及如何监督制度执行。他们发现，大多数州在 20 世纪 80 年代末及之后的十年间，才开始实行绩效预算。只有夏威夷州在 1970 年的法律中便包含了一些绩效预算的内容，这些内容与研究者们对绩效预算的定义是一致的。

这项研究对于各州政府定期制定绩效预算法来说是十分重要的。研究结果揭示了预算实践在各州迅速铺开——1998 年，只有三个州没有在法律或行政上要求实施绩效预算。当时，Melkers 和 Willoughby（1998）就发现，法律规定的要求，与那些行政政策或行政命令中规定的要求之间存在细微的差别。他们（1998，p.72）决定拓展监督系统，监督系统包括了议会和州中央预算办公室之外的委员会（或办公室）。同时，Lee（1997）也发现，具有绩效预算责任的其他监督主体也能够对中央预算办公室的角色产生影响。Melkers 和 Willoughby（1998）认识到，一些州的预算制度呈现出"不断进步"或革新的态势，这些州接受了更多与绩效预算有关的不同的理论和实践，不过没有任何一个系统是完善的。

2.1.1　重新审视州绩效预算法

在 2004 年，Melkers 和 Willoughby 重新审视了他们 1998 年的研究，发现有两个州的绩效预算法有所完善（正如其定义的那样），而另外一个州则增加了行政方面的实践要求。这些描述证实了尚缺乏国家层面上的各州统一的绩效测量标准，也甚少涉及或需要类似的基准，随着测量系统的发展，机构逐渐成为中心。在对行政预算办公室和机构的工作人员进行调查时，研究者们发现，当时的绩效预算工作与其他公共管理工作的结合更加紧密，并允许对指标进行更具体的考虑（例如，减少指标更改的阻力或变更其调整周期），以更好地理解项目结果。

尽管预算和机构工作人员在回答这些调查问题时，最不认同的观点是，指标的使用改变了立法者讨论预算的实质内容和基调，但 Melkers 和 Willoughby（2004，p.20）的报告则指出，大多数的被调查者认为，使用指标的最大回报仍出现在机构内部，即提高绩效意识并关注绩效。这为持续改进提供了一些内部指导，而不是对现有绩效结果进行外部（立法）财政奖励（或惩罚）。实际上，Melkers 和 Willoughby（2004，p.23）发现，对于政府机构的从业者来说，测量的成熟度（应用的时间长短）有显著的积极影响，而领导层对于预算绩效指标的使用缺乏支持，则有显著的负面影响。机构人员所关心的影响预算绩效指标的因素包括：（1）绩效测量与会计（预算）数据库之间的联系不大；（2）影响目标实现的外部因素过多；（3）绩效数据收集存在问题（Melkers and Willoughby，2004，p.26）这些研究者就绩效预算问题向公共管理者提出了几点结论，包括：

- 各州普遍运用了绩效测量
- 测量的应用改善了预算相关者之间的沟通
- 这种沟通对内外部绩效指标的使用，乃至国家的官僚机构，都会产生影响
- 关注结果能够改善国家治理和预算实践
- 基准（benchmarking）的使用并不普遍
- 系统是独特的——没有两个是相同的
- 随着系统的成熟，评估方法的开发和使用会慢慢改进

2.1.2 创建指标来评价法律的强度

Lu、Willoughby 和 Arnett（2009）对 Melkers 和 Willoughby 的研究进行了阐述，他们更新了前述研究者2004年关于各州绩效预算法的描述，并扩大了研究范围，以确定这样一个问题：那些有强烈意愿实施绩效预算的州，是否就比没有立法意愿的州，更有可能制定绩效预算实施的相关法律。他们还提出了

14项可能被纳入法律的内容，以验证其中是否存在能够为绩效预算提供支持的最佳实践。直到2008年，一些州增加、修改或废除了绩效预算法，12个州没有制定专门针对绩效预算的法律。尽管如此，在10年的研究期间（从1998年到2008年），制定绩效预算法的州增加到了38个。

Lu、Willoughby和Arnett（2009）提出了一项新的研究，将对绩效预算法律的理解，从单纯的法律存在，推进到法律的内容。根据观测结果，对基于法律的绩效预算实践之强度进行建模，其结果是非常有趣的。最重要的是，法律规定较详细的州，比法律规定较简略的州，具有更好的绩效预算实践。在预算决策中较少使用绩效信息的州，在法律中涵盖的绩效预算内容也较少，比那些较多使用绩效信息的州的一半还要少。使用绩效预算的州领导者，往往在制定和使用法律规定的绩效指标方面，也需要承担责任。作者认为，这些发现支持了法律框架有助于绩效政策实施的观点（Lu，Willoughby and Arnett，2009）。

两年后，Lu、Willoughby和Arnett（2011）重新审视了各州的绩效预算法和14项相关内容，以揭示法律的实质和范围以及与实践的关系。为此，本研究对各州的绩效预算法进行了两阶段编码，以衡量：（1）特定因素的存在；（2）相关内容的实质和广泛性。例如，典型的绩效预算法要求制定和报告绩效指标（1对0的一阶编码）；该法律还可能规定必须制定的指标类型（产出、结果等）和（或）报告的频率（每年、一年两次或每季度）（二阶编码与指标的种类和报告频率对应）。在这项研究中，各相关内容也根据综合性（指标与战略计划的必要联系）、发生率（预算过程中指标的报告频率）和问责（对绩效衡量和评价的必要监督）的特点进行了分组。表2-1提供了法律的相关内容，这些相关内容被编码并被分为三类：综合性（integration）、发生率（incidence）和问责（accountability）。所有相关内容，连同负责拟订全州战略计划和执行指标的责任，构成了第四个指标，即法律的全面性（comprehensiveness）。

表 2-1   各州法律中绩效预算的相关内容

指标		绩效预算的相关内容（编码）
全面性	综合性	1.州战略计划与预算挂钩（0=否；1=是）
		2.机构战略计划与州战略计划挂钩（0=否；1=是）
		3.机构战略计划与预算挂钩（0=否；1=是）
		4.绩效指标与机构战略计划挂钩（0=否；1=是）
	发生率	5.指标种类（法律规定的各类指标得1分）
		6.基准和（或）目标（0=无；1=一种；2=多于一种）
		7.绩效信息更新频率（0=无；1=一年一次或两次；2=半年；3=季度）
	问责	8.公民的角色（0=否，1=是）
		9.机构指标的技术监督（每一个涉及的机构占1分）
		10.指标评估及绩效报告（每一个涉及的机构占1分）
		11.达到绩效目标的奖励（0=否；1=是）
		12.未能达到绩效目标的惩罚（0=否；1=是）
		13.制订州战略计划的责任（0=否；1=是）
		14.制定绩效指标的责任（0=否；1=是）

研究结果表明，具有较强广泛性（包含更多内容）和包容性（指标多样化，政府中的多个群体和公民均具有参与实践的责任）的法律，有助于更有力地执行绩效预算。居于领导地位的参与绩效预算的州，在各项指标上的得分，均高于参与度较低的州。不过，有一个关于基准的警告。Lu、Willoughby 和 Arnett（2011）发现，与严格或适度使用绩效预算的州相比，绩效预算参与度不高的州，更有可能要求建立基准。这些研究者指出，绩效预算制度薄弱的州，似乎是用基准来代替绩效指标的，这是造成这种异常结果的原因。

接下来，Lu 和 Arnett（2012）更新了州绩效预算法的研究，将这一原因与评估实践参与度的指标联系起来，并通过同10个拥有绩效预算法律的州中20多名政府官员和管理者的面谈，汇集了绩效预算应用情况的多种观点。他们还研究了法律寿命（存在的年数）、2002年到2010年期间的实践力度、国家财政

健康状况（使用当前和运营比率、长期负债比率和人均收入）之间的关系。我
们对 2012 年制定绩效预算法律的 40 个州进行了研究，证实了绩效预算的寿命
和更强的参与度对一个州的长期财政健康有着积极的影响。表 2-2 提供了各州
财政运行状况的排名，使用的是基于各州综合年度财务报告（2015 年）所计
算的指标。加粗的代表在 2015 年拥有绩效预算法的州。

表 2-2　　　　　　　　　2017 年各州财政运行状况排名

利用 2015 年各州综合年度财务报告，通过收入、支出、资产、负债和偿债能力等因素，对财政运
行状况进行分析。

平均值以上	平均值	平均值以下
佛罗里达州	**南卡罗来纳州**	**亚利桑那州**
北达科他州	阿肯色州	**密西西比州**
南达科他州	**俄勒冈州**	缅因州
犹他州	佐治亚州	**密歇根州**
怀俄明州	得克萨斯州	**康涅狄格州**
内布拉斯加州	明尼苏达州	**罗德岛州**
俄克拉何马州	新罕布什尔州	纽约州
田纳西州	华盛顿州	**佛蒙特州**
爱达荷州	夏威夷州	新墨西哥州
蒙大拿州	艾奥瓦州	西弗吉尼亚州
密苏里州	**威斯康星州**	**加利福尼亚州**
亚拉巴马州	科罗拉多州	**路易斯安那州**
俄亥俄州	特拉华州	**宾夕法尼亚州**
内华达州	堪萨斯州	马里兰州
北卡罗来纳州		**肯塔基州**
印第安纳州		**马萨诸塞州**
阿拉斯加州		**伊利诺伊州**
弗吉尼亚州		新泽西州

Source：Norcross, E., Gonzalez, O. (2017). Ranking the States by Fiscal Condition, 2017
Edition（Mercatus Research：Mercatus Center, George Mason University, Arlington, Virginia,
July）. Available at：www.mercatus.org/statefiscalrankings.

2.1.3 将法律与各州关于绩效预算的主张相结合

尽管这方面的工作在一定程度上证明了绩效预算的好处，但当联邦预算官员协会（NASBO，2015）提出质询时，各州不愿意承认对绩效预算的严格遵守，甚至不愿意承认在多种预算方法中主要采用绩效预算；大多数州采用多种或混合的方式（方法）来制定预算。[1]当被问及使用的主要预算方法时，30个州声称采用渐进主义（incrementalism）[①]，13个州采用规划（program）预算[②]，3个州最大程度地采用分行列支（line-item）预算[③]或绩效预算方法——只有俄勒冈州声称主要采用零基预算（zero-based budgeting）[④]。主要采用绩效预算方法的3个州分别是路易斯安那州、新泽西州和得克萨斯州。大多数州（32个）将规划预算作为第二类预算方法，25个州声称分行列支预算或绩效预算是其第二优先选择的预算方法；14个州承认采用增量方法；12个州表示零基预算是其主要的预算方法（NASBO，2015，p.69）。

同样的调查（NASBO，2015，pp.99-105）表明，只有16%的州拥有同时

---

① 渐进主义也称为"增量主义"或"渐增预算"（incremental budgeting），是一种关于预算过程的理论，兴起于20世纪60年代中期。根据其提出者威尔德夫斯基(1964)的描述，渐进主义认为预算过程是逐渐发展演变而成的，而这种逐渐发展演变的特征，不仅蕴涵在政府预算的决策"过程"中，同时也表现在预算决策的"结果"上。该理论的基本含义是：(1)预算规模相对于人的智力与时间而言，规模过于庞大，预算的审核主要是比较相邻年间的异同；(2)为了避免预算过程中过多的政治角逐与选择，某一年度预算过程的变化相对有限，预算结果也相应变化较少，因而在很大程度上是可以预测的。虽然渐进主义由于过分追求原则性与视角狭窄等缺陷而受到了许多批评与挑战，后来的许多学者为改革渐进主义也进行了诸多有益的探索，但都未能产生一个可以完全取代渐进主义的更为完整系统的预算理论——译者注。

② program budgeting在国内也有译为"项目预算"的，但考虑program budgeting与中国预算管理实务中的项目预算，还存在一定的差别，故本书还是采用了"规划预算"的译法——译者注。

③ 分行列支预算(line-item budgeting)，也有传统预算、逐项预算、逐条预算、线性预算、项目预算、条目预算、行政预算或分行排列预算等十来种译法，这是最基本、最传统的预算组织形式。分行列支预算是根据每一开支对象的成本，来分配公共资源的一种预算制度——译者注。

④ 零基预算(zero-based budgeting，ZBB)要求管理者重新论证他们的预算申请，而不管以前是否有过拨款。零基预算专门用来克服增量预算的缺点，即活动一旦开始就永远进行下去。零基预算过程包括三个步骤：第一，将每一个独立的部门活动作为一个决策包；第二，按照决策在预算期间给组织带来的效益，对决策包进行排序；第三，按照优先次序将预算资源分配给各个决策包。零基预算适合于管理日益减少的资源，当组织面临紧缩和财政困难时，管理者需要以有效的手段来分配资源，而零基预算正是这种手段——译者注。

包含预算和绩效信息的系统——缺乏这样的系统被认为是对绩效预算良好应用的挑战。这8个州分别是艾奥瓦州、缅因州、密西西比州、俄克拉何马州、南达科他州、佛蒙特州、华盛顿州和西弗吉尼亚州。在进行这项调查的时候，缅因州、南达科他州和西弗吉尼亚州还没有制定绩效预算法。这证明了一个事实，即各州可能确实会在缺少法律支持的背景下就推行绩效预算。此外，NASBO的调查结果显示，尽管存在法律，但预算方法仍在不断演变。例如，在佛蒙特州，"将预算系统纳入ERP①，作为一个试点项目的一部分，绩效指标目前正在被纳入预算过程"（NASBO，2015，p.104）。

2.1.4 更新的州绩效预算法

表2-3更新了自1998年Melkers和Willoughby首次汇总各州绩效预算法以来的变化情况。自2012年以来，只有两个州增加了相关立法。2014年，新罕布什尔州修订了法律，第9章第4条规定，所有的州属部门在每两年一次的立法会议之前，必须向行政服务专员提交一份效率支出申请，以明确下述目的：

> 包含参数和期望值的支出申请，应该满足当前的法定要求以及补充法规和规则的要求……这样，该机构将为新罕布什尔州的市民提供更高质量的服务，从而提高了部门的效率和绩效。提供效率支出申请的其他目标是引入一种持续完善、审慎和问责的管理文化，并向政府官员和部门领导提供一种扩展和强调这些目标的财政管理工具。

除了提供有关部门使命陈述、目标、人员和薪酬影响的信息，以及提出"确定需要资助或支持的特殊或有问题的需求"之外，法律还要求各部门提供以下资料：

---

① ERP是Enterprise Resource Planning（企业资源计划）的简称，由美国加特纳公司（Gartner Group Inc.）于1990年提出。它是在综合了企业业务流程重组（BPR）、全面质量管理（TQM）等先进管理思想和EDI电子数据交换、C/S计算机技术等最新信息技术的基础上发展起来的。它既是一种以极力提高客户满意度为目标不断进行优化的"供应链"管理思想，也是一种融合了企业最佳实践和先进信息技术的新型管理工具。它的基本思想是将企业的业务流程看作一个紧密连接的供应链，将供应商和企业内部的采购、生产、销售以及客户紧密联系起来，便于对供应链上的所有环节进行有效管理，实现对企业的动态控制和各种资源的集成与优化——译者注。

表2-3　　　　　　　　　　　　美国各州绩效预算立法的演变

1998	2008	2012	2017
n=33	n=38	n=40	n=42
亚拉巴马州　法案95-531（1995）	亚拉巴马州　《预算管理法案》§41-19-1至12（1995）	亚拉巴马州　《预算管理法案》§41-19-1至12（1995）	亚拉巴马州　《预算管理法案》§48-19-1至12（1995）
阿拉斯加州　无	阿拉斯加州　法典§37.07.010-050，§37.07.080，§1第27章SLA 1998（2002）	阿拉斯加州　法典§37.07.010-050，§37.07.080，§1第27章SLA 1998（2002）	阿拉斯加州　法典§37.07.010-050，§37.07.080，§1第27章SLA 1998（2002）
亚利桑那州第252章（1993）；第283章（1995）；第210章（1997）	亚利桑那州　修订法规§35-115.7, 122（1997）	亚利桑那州　修订法规§35-115.7, 122（1997）	亚利桑那州　修订法规§35-115.7, 122（1997）
阿肯色州　无	阿肯色州　无	阿肯色州　无	阿肯色州　无
加利福尼亚州《战略计划与绩效审查法案》（1993）《政府绩效与结果法案》（1993）	加利福尼亚州　法典第2编，第3卷，第8章，11800-11801节第8.1章，11810节，11813节，11816节，11817节（1993）	加利福尼亚州　法典第2编，第3卷，第8章，11800-11801节，第8.1章，11810节，11813节，11816节，11817节（1993）	加利福尼亚州　法典第2编，第3卷，第8章，11800-11801节，第8章，11810节，11813节，11816节，11817节（1993）
科罗拉多州　无	科罗拉多州　修订法规24-37-304（2001）	科罗拉多州　修订法规24-37-304（2001）；《SMART政府法案》[①]2-7 201-205节，C.R.S（2010）	科罗拉多州　修订法规24-37-304（2001）；《SMART政府法案》2-7-201-205节
康涅狄格州　法典第4编，第50章，4-73节（1984）；法案93-387（1993）	康涅狄格州　法典第4编，第50章，4-73节（1984）；法案93-387（1993）	康涅狄格州　法典第4编，第50章，4-73节（1984）；法案93-387（1993）	康涅狄格州　法典第4编，第50章，4-73节（1984）；法案93-387（1993）
特拉华州　拨款法案，HB410，《政府问责法案》（1988）	特拉华州　《政府问责法案》第29条，§10501-10503（1996）	特拉华州《政府问责法案》第29条，§10501-10503（1996）	特拉华州《政府问责法案》29条，§10501-10503（1996）
佛罗里达州第94-249章（1994）第95-327章（1995）第96-398章（1996）	佛罗里达州　《政府绩效与问责法案》第14编，216.012-013；216.023；216.141；216.163-164；216.1815（1994；2006—2007年添加216.1827）	佛罗里达州　《政府绩效与问责法案》第14编，216.012-013；216.023；216.141；216.163-164；216.1815（1994；2006—2007年添加216.1827）	佛罗里达州　《政府绩效与问责法案》第14编，216.013，023，141，163-164，1815，1826-1827；20.055（1994；2006—2007年添加216.1827）
佐治亚州　SB335，法典第45编，第12章，70-178节（1993）	佐治亚州　法典第45编，第12章，70-73节；45-12-95节；45-12-175-177节（1993）	佐治亚州　法典第45编，第12章，70-73节；45-12-95节；45-12-175-177节（1993）	佐治亚州　法典第45编，第12章，70-73节；45-12-95节；45-12-175-177节（1993）

①　SMART，即State Measurement for Accountable，Responsive，and Transparent，州测量问责制、响应性和透明度。

续表

1998	2008	2012	2017
n=33	n=38	n=40	n=42
夏威夷州 《行政预算法令》(1970)	夏威夷州 修订法规第26-28章；第37-63章，第75章（1970和1998）	夏威夷州 修订法规第26-28章；第37-63章，第75章（1970和1998）	夏威夷州 修订法规第26-28章；第37-63章，第75章（1970，1998和2001）
爱达荷州 第67编，第4章67-457节，464节（1993）；第19章67-1918节和SB1509节（1994）；第35章67-3502节（1995）	爱达荷州 第67编，第4章67-457节，464节（1993）；第19章67-1918节和SB1509节（1994）；第35章67-3502节（1995）和67-3507节（1999）；第19章67-1901-1905节（2005）	爱达荷州 第67编，第4章67-457节，464节（1993）；第19章67-1918节和SB1509节（1994）；第35章67-3502节（1995）和67-3507节（1999）；第19章67-1901-1905节（2005）	爱达荷州 第67编，第4章67-457节，464节（1993）；第19章67-1918节和SB1509节（1994）；第35章67-3502节（1995）和67-3507节（1999）；第19章67-1901-1905节（2005）
伊利诺伊州 第86-1027号法案（1989）；第15章第50条：15ILCS 20/50-10，50-15；第20章3005条：20ILCS 3005/2.2，2.3和9（1990）	伊利诺伊州 第15章第50条：15ILCS 20/50-10，50-15；第20章3005条：20ILCS 3005/2.2，2.3和9（1990）	伊利诺伊州 第15章第50条：15ILCS 20/50-10，50-15；第20章3005条：20ILCS 3005/2.2，2.3和9（1990）	伊利诺伊州 第15章，第50条：15ILCS 20/50-10，50-15；第20章3005条：20ILCS 3005/2.2，2.3和9（1990）
印第安纳州 无	印第安纳州 §2-5-21-1-21；§4-3-22-1和12（2005）	印第安纳州 §2-5-21-1-21；§4-3-22-1和12（2005）	印第安纳州 §2-5-21-1-21；§4-3-22-1和12（2005）
艾奥瓦州 SF268（1993）；SF542 c23节（1997）	艾奥瓦州 第1编，第4卷第8.22/23/35A/52章；《责任政府法案》（2000）：CH8E；第2卷，第2A.7章（2001）	艾奥瓦州 第1编，第4卷，第8.22/23/35A/52章；《责任政府法案》（2000）：CH8E；第2卷，第2A.7章（2001）	艾奥瓦州 第1编，第4卷，第8.22/23/35A/52章；《责任政府法案》（2000）：第8E章；第2卷，第2A.7章（2001）
堪萨斯州 无	堪萨斯州 无	堪萨斯州 无	堪萨斯州 HB2739，§1（2016）
肯塔基州 HB940《教育改革法案》（1990）；SB109《责任法案》（1992）；SSHB《高等教育法案》(1997)	肯塔基州 HB502第三部分第35节（2000）；KRS48.410（2002，2005和2007年修订）	肯塔基州 KRS48.810（2002，2005，2007，2010年修订）	肯塔基州 KRS48.810（2002，2005，2007，2010年修订）
路易斯安那州 HB185（1995）《第1465号法案》(1997)	路易斯安那州 修订法规39：87.1-6（D部分）；24：603，653；39：2，31-32，36（1997）	路易斯安那州 修订法规39：87.1-6（D部分）；24：603，653；39：2，31-32，36（1997）	路易斯安那州 修订法规39：87.1-6（D部分）；24：603，653；39：2，31-32，36（1997）；《第797号法案》（2014）

续表

1998	2008	2012	2017
n=33	n=38	n=40	n=42
缅因州 HB705（1996）	缅因州 无	缅因州 无	缅因州 无
马里兰州 无	马里兰州 法案 第1部，第3编，第10卷，§3-1001-1003（2004）	马里兰州 法案 第1部，第3编，第10卷，§3-1001-1003（2004）	马里兰州 法案 第1部，第3编，第10卷，§3-1001-1003（2004）
马萨诸塞州 无	马萨诸塞州 无	马萨诸塞州 第一部分，第2编，第6A章第4A节第一部分，第2编，第7章第4A节（2012）	马萨诸塞州 第一部分，第2编，第6A章第4A节；第二部分，第2编，第7章第4A节（2012）
密歇根州 《管理和预算法案》；《汇编法律》§18.1332和1341（1984）	密歇根州 《管理和预算法案》；《汇编法律》§18.1332和1341（1984）	密歇根州 《管理和预算法案》；《汇编法律》§18.1332和1341（1984）	密歇根州 《管理和预算法案》；《汇编法律》§18.1332和1341（1984）
明尼苏达州 法规§16A.10（1993）；法规15.91（1996）	明尼苏达州 法规§16A.10（1993）；法规15.91（1996）	明尼苏达州 法规§16A.10（1993）；法规15.91（1996）	明尼苏达州 法规§16A.6和10（1993，2013年修订）；法规15.91（1996）
密西西比州 《绩效预算与战略计划法案》§27-103-153至157；§27-103-209（1994）	密西西比州 《绩效预算与战略计划法案》§27-103-153至157；§27-103-209（1994）	密西西比州 《绩效预算与战略计划法案》§27-103-153至157；§27-103-209（1994）	密西西比州 《绩效预算与战略计划法案》§27-103-209（1994）；§27-103-151至159（2014）
密苏里州 无	密苏里州 修订法规 第4编，第33.21.2、270.2、800-810章：第3编，第23：23.250-298章（2003）	密苏里州 修订法规 第4编，第33.21.2、270.2、800-810章：第3编，第23章：23.250-298（2003）	密苏里州 修订法规 第4编，第33.21.2、270.2、800-810章：第3编，23章：23.250-298（2003）
蒙大拿州 HB2（1993）	蒙大拿州 法典（Ann.）§17-7-111（1993和1999）	蒙大拿州 法典（Ann.）§17-7-111（1993和1999）	蒙大拿州 法典（Ann.）§17-7-111（1993和1999）
内布拉斯加州 修订法规§50-1201-1215；§81-1113（1992）	内布拉斯加州 修订法规§50-1201-1215；§81-1113（1992）	内布拉斯加州 修订法规§50-1201-1215；§81-1113（1992）	内布拉斯加州 修订法规§50-1201-1215；§81-1113（1992）；§81-3133（2012—2016年修订）

续表

1998	2008	2012	2017
n=33	n=38	n=40	n=42
内华达州　修订法规第 353.205 章（b）（1996）	内华达州　修订法规第 353.205 章（b）（1996）	内华达州　修订法规第 353.205 章（b）（1996）	内华达州　修订法规第 353.205 章（b）（1996）
新罕布什尔州　无	新罕布什尔州　无	新罕布什尔州　无	新罕布什尔州　修订法规§9：4-1（2014）
新泽西州　无	新泽西州　无	新泽西州　无	新泽西州　无
新墨西哥州　无	新墨西哥州　《政府问责法案》§6-3A-1 至 9（1999）	新墨西哥州　《政府问责法案》§6-3A-1 至 9（1999）	新墨西哥州　《政府问责法案》§6-3A-1 至 9（1999）
纽约州　无	纽约州　无	纽约州　无	纽约州　无
北卡罗来纳州 HB53，《现行运营法案》（1996）	北卡罗来纳州　无	北卡罗来纳州　无	北卡罗来纳州　无
北达科他州　无	北达科他州　无	北达科他州　无	北达科他州　无
俄亥俄州　《拨款法案》1996—1997 财年（1995）	俄亥俄州　修订法典（Ann），第 1 编：§126.13（1995）	俄亥俄州　修订法典（Ann），第 1 编：§126.13（1995）	俄亥俄州　修订法典（Ann），第 1 编：§126.13（1995）
俄克拉何马州 SB1127（1994）；HB620（1995）	俄克拉何马州　法规，第 62 编 §41.29 -1；§41.47（1999）；《俄克拉何马州项目绩效预算和问责法案》§45.1-§45.10（2003）	俄克拉何马州　法规，第 62 编 §41.29 -1；§41.47（1999）；《俄克拉何马州项目绩效预算和问责法案》§45.1-§45.10（2003）	俄克拉何马州　法规，第 62 编 §41.29-1；§41.47（1999）；《俄克拉何马州项目绩效预算和问责法案》§45.1-§45.10（2003 和 2014）
俄勒冈州 SB170（1989）；SB636（1991）；SB1130（1993）	俄勒冈州　修订法规，第 26A 编：284.600-622，628；第 28 编：291.110，120，195（1991，2001 和 2005 年修订）	俄勒冈州　修订法规，第 26A 编：284.600-622，628；第 28 编：291.110，120，195（1991，2001，2005，2011 年修订）	俄勒冈州　修订法规，第 26A 编：284.600-622，628；第 28 编：291.110，120，195，200，217（1991，2001，2005，2011，2016 年修订）
宾夕法尼亚州　无	宾夕法尼亚州　无	宾夕法尼亚州　第 71 编，Pa.C.S§4104；第 72 编 P.S.§4664.3（2010）	宾夕法尼亚州　第 71 编，Pa.C.S§4104（2016 年废除）；第 72 条 P.S.§4664.3（2010）
罗德岛州 HB8783（1996）	罗德岛州 第 35 章：§35-3-24.1（1996）	罗德岛州 第 35 章：§35-3-24.1（1996）	罗德岛州 第 35 章：§35-3-24.1（1996）

续表

1998	2008	2012	2017
n=33	n=38	n=40	n=42
南卡罗来纳州 第1编，第1章，第13篇 第1-1-810-840节（1995）	南卡罗来纳州 第1编，第1章，第13篇 第1-1-810-840节（1995）	南卡罗来纳州 第1编，第1章，第13篇 第1-1-810-840节（1995）	南卡罗来纳州 第1编，第1章，第13篇 第1-1-810-840节（1995）；第1编，第30章 第1-30-125节（2014）
南达科他州 第4-7-35节（1994）	南达科他州 无	南达科他州 无	南达科他州 无
田纳西州 无	田纳西州 法典（Ann.）§9-4-5102至5106；§9-4-5601至5614（2002）	田纳西州 法典（Ann.）§9-4-5102至5106；§9-4-5601至5614（2002）	田纳西州 法典（Ann.）§9-4-5102到5106；§9-4-5601至5612（2002）；§9-4-5613-5614（2013年废除）《田纳西州政府问责法案》（2002，2013年修订）
得克萨斯州 HB2009（1991）；SB1332（1993）	得克萨斯州 第3编，第C卷；§322.011，017，018；第10编：2056.002，009，010（1993）	得克萨斯州 第3编，第C卷；§322.011，017，018；第10编：2056.002，009，010（1993）	得克萨斯州 第3编，第C卷；§322.011，017，018；第10编：2056.002，009，010（1993）
犹他州 第63编J-1-201，702；第67编；第3章：67-3-1（1983）	犹他州 第63编J-1-201，702；第67编；第3章：67-3-1（1983）	犹他州 第63编J-1-201，702；第67编；第3章：67-3-1（1983）	犹他州 第63编J-1-201（2014 HB357修订），702（2014废除）；63J-4-301；第67编；第3章：67-3-1（1983）；第36-12-13编（2014）
佛蒙特州 第32编，第1卷，第5章：32V.S.A.§307（c）（1993）	佛蒙特州 第32编，第1卷，第5章：32V.S.A.§307（c）（1993）	佛蒙特州 第32编，第1卷，第5章：32V.S.A.§307（c）（1993）	佛蒙特州 第32编，第1卷，第5章：32V.S.A.§307（c）（1993）
弗吉尼亚州 无	弗吉尼亚州 法典（Ann.）第2.2编，第1卷，第C部分，CH15：§2.2-1501，1508-1509，1511，5510-5511，2683-2689（2000，2003）	弗吉尼亚州 法典（Ann.）第2.2编，第1卷，第C部分，CH15：§2.2-1501，1508-1509，1511，5510-5511，2683-2689（2000，2003）	弗吉尼亚州 法典（Ann.）第2.2编，第1卷，第C部分，CH15：§2.2-1501，1508-1509，1511，5510-5511，2683-2689（2000，2003，2013）

续表

1998	2008	2012	2017
n=33	n=38	n=40	n=42
华盛顿州 43.88.020、030、080、090；44.28（1993）	华盛顿州 43.88.020、030、080、090；44.28（1993）	华盛顿州 43.88.020、030、080、090；44.28（1993）	华盛顿州 43.88.020、030、080、090；44.28（1993）
西弗吉尼亚州 无	西弗吉尼亚州 无	西弗吉尼亚州 无	西弗吉尼亚州 无
威斯康星州 法规§15.001、§15.04、§16.42（1993）	威斯康星州 法规§15.001、§15.04、§16.42（1993，2003年修订）	威斯康星州 法规§15.001、§15.04、§16.42（1993，2003年修订）	威斯康星州 法规§15.001、§15.04、§16.42（1993，2003年修订）
怀俄明州 修订法规（Ann.）：28-1-115和116（1993）；28-8-107（1994、1995）；9-2-1014（1997）	怀俄明州 修订法规（Ann.）：28-1-115和116（1993）；28-8-107（1994、1995）；9-2-1014（1997）	怀俄明州 修订法规（Ann.）：28-1-115和116（1993）；28-8-107（1994、1995）；9-2-1014（1997）	怀俄明州 修订法规（Ann.）：28-1-115和116（1993）；28-8-107（1994、1995）；9-2-1014（1997）

注：HB：House Bill，众议院法案
　　SB：Senate Bill，参议院法案
　　SSHB：Senate Substitute for House Bill，参议院代众议院法案
　　SF：Senate File，参议院文件
　　Ann：Annotate，注释
Source：

Lu, Y., and Willoughby, K.（2015）. "Performance budgeting in American states: A framework of integrating performance with budgeting." *International Journal of Public Administration*, 38（8），562-572.

Lu, Y., and Willoughby, K.（2012）. "Performance budgeting in the states: An assessment," *IBM The Business of Government*（Fall/Winter），71-75.

Lu, Y., Willoughby, K., and Arnett, S.（2011）. "Performance budgeting in the American states: What's law got to do with it?" *State and Local Government Review*, 43（2），79-94.

Lu, Y., Willoughby, K., and Arnett, S.（2009）. "Legislating results: Examining the legal foundations of PBB systems in the states." *Public Performance and Management Review*, 33（2），266-287.

Melkers, J., and Willoughby, K.（1998）. "The state of the states: Performance-based budgeting requirements in 47 out of 50," *Public Administration Review*, 58（1），66-73.

　　根据结果和产出的绩效指标随时间推移的趋势，以及本部门用来制定这些指标的数据，对其提供服务的质量和结果，以及下一个两年期的绩效指标的制

定和执行情况，进行评价。

法律还要求各部门提供上一个两年期及下一个两年期内与前瞻性创新举措相关的数据。

2016年，堪萨斯州在州法规众议院法案2739号§1中创建了该州的绩效预算系统。

将于2019年1月14日或之前完成。此类预算制度应包括但不限于，在各类州属项目中，纳入基于绩效指标的各类结果，从而在州际地理层面和政治边界层面加强比较方案有效性的能力。

（历史文献：L.2016，第106章，§1；2016年7月1日）

表2-4展示了我们最近更新的州绩效预算法之评分情况，评分主要是基于前面提到的几个指标——全面性、综合性、发生率和问责。值得注意的是，对于所有或大多数指标而言，有些州（艾奥瓦州、佛罗里达州、路易斯安那州和新墨西哥州）的得分居于前列。我们将全面性得分为9分或更高的州定义为法律"稳健"。而其他州，如弗吉尼亚州、佐治亚州、亚拉巴马州和怀俄明州，则属于"中等"类别——它们在（前文的）Lu和Willoughby指标体系中，得分在5~8分之间。最后，南卡来罗纳州、密苏里州、特拉华州和康涅狄格州，属于我们所说的"有限"或"欠缺"的范畴，它们的法律中相关内容较少。总体而言，这个表格说明了各州的法律关注绩效预算系统的不同方面（制定指标、将指标与战略计划联系起来、项目评价和评估审计等）。我们就青少年司法预算的绩效指标问题，对一些州进行了深入研究（学生收集和报告的数据）或电话采访，这些州是一个非常有趣的集合，都具有与绩效预算相关的法律，而且在每一个指标上的排名都是连续的。

2.1.5 州绩效预算法的主要内容——Lu和Willoughby的指标体系

正如Lu和Willoughby的指标体系所描述的那样，表2-5汇总了各州绩效预算法的相关内容，从最受欢迎的到最不受欢迎的依次排序。大多数制定相关法律的州，都注重绩效指标的制定、数量和种类、绩效更新的频率，与机构战略计划的联系以及绩效评估和审计等方面。较少的州要求将机构战略

表 2-4　　　有绩效预算法的各州，根据各项指标与分数之排名

全面性	综合性	发生率	问责
12 艾奥瓦州	4 艾奥瓦州	10 路易斯安那州	5 新墨西哥州
阿拉斯加州	俄勒冈州	8 俄克拉何马州	艾奥瓦州
11 俄勒冈州	阿拉斯加州	7 马里兰州	佛罗里达州
佛罗里达州	3 得克萨斯州	6 俄勒冈州	4 路易斯安那州
10 路易斯安那州	佛罗里达州	阿拉斯加州	阿拉斯加州
马里兰州	马里兰州	新墨西哥州	田纳西州
9 新墨西哥州	佐治亚州	爱达荷州	3 俄克拉何马州
田纳西州	俄克拉何马州	犹他州	俄勒冈州
俄克拉何马州	2 路易斯安那州	5 艾奥瓦州	爱达荷州
夏威夷州	新墨西哥州	得克萨斯州	密西西比州
8 弗吉尼亚州	弗吉尼亚州	佛罗里达州	华盛顿州
得克萨斯州	华盛顿州	明尼苏达州	亚利桑那州
华盛顿州	田纳西州	4 弗吉尼亚州	加利福尼亚州
佐治亚州	亚拉巴马州	田纳西州	2 马里兰州
亚拉巴马州	爱达荷州	怀俄明州	弗吉尼亚州
爱达荷州	亚利桑那州	夏威夷州	怀俄明州
密西西比州	怀俄明州	宾夕法尼亚州	夏威夷州
7 怀俄明州	威斯康星州	3 佐治亚州	亚拉巴马州
6 亚利桑那州	佛蒙特州	亚拉巴马州	密苏里州
5 犹他州	密西西比州	佛蒙特州	特拉华州
明尼苏达州	夏威夷州	密西西比州	1 犹他州
威斯康星州	1 明尼苏达州	科罗拉多州	得克萨斯州
佛蒙特州	南卡来罗纳州	马萨诸塞州	宾夕法尼亚州
科罗拉多州	内华达州	密苏里州	佐治亚州
4 马萨诸塞州	加利福尼亚州	内布拉斯加州	科罗拉多州
宾夕法尼亚州	科罗拉多州	伊利诺伊州	内布拉斯加州
南卡罗来纳州	蒙大拿州	新罕布什尔州	伊利诺伊州
伊利诺伊州	0 马萨诸塞州	2 华盛顿州	密歇根州
加利福尼亚州	宾夕法尼亚州	威斯康星州	印第安纳州
3 密苏里州	犹他州	南卡罗来纳州	俄亥俄州
印第安纳州	密苏里州	密歇根州	0 明尼苏达州
内布拉斯加州	特拉华州	康涅狄格州	佛蒙特州
罗德岛州	印第安纳州	罗德岛州	马萨诸塞州
新罕布什尔州	内布拉斯加州	1 亚利桑那州	新罕布什尔州
2 特拉华州	肯塔基州	印第安纳州	威斯康星州
密歇根州	密歇根州	堪萨斯州	南卡罗来纳州
内华达州	俄亥俄州	0 内华达州	康涅狄格州
俄亥俄州	康涅狄格州	加利福尼亚州	罗德岛州
1 肯塔基州	伊利诺伊州	蒙大拿州	堪萨斯州
康涅狄格州	罗德岛州	特拉华州	内华达州
蒙大拿州	新罕布什尔州	肯塔基州	蒙大拿州
堪萨斯州	堪萨斯州	俄亥俄州	肯塔基州

资料来源：Elaine Lu 和 Katherine Willoughby 对 Lu、Willoughby 和 Arnett（2009 和 2011 年）研究的更新，2017 年 1 月；评分依据第 2 章和作者对绩效预算相关内容的编码。

计划与预算或全州的战略计划（这是综合性面临的挑战，因此绩效预算的做法对机构来说仍然是内部的）或基准联系起来。将近20%的州，法律还要求公民在绩效预算中发挥作用，而与绩效相关的激励或惩罚措施则只有7个州或更少的州制定了。只有5个州在法律上规定，全州的战略计划必须与预算挂钩。

表2-5   各州法律中与绩效预算相关的内容

与绩效预算相关的内容	有相关法律内容的州的数量
制定绩效指标的责任	37
绩效指标的数量和类型	31
绩效信息的更新频率	28
绩效指标必须与机构战略计划相联系	24
要求对绩效指标进行评估和审计	23
机构战略计划必须与预算挂钩	19
要求的基准或目标	18
绩效指标的技术监督或审查	15
机构的战略计划必须与州战略计划相联系	11
制订州战略计划的责任	11
公民的作用	8
对实现绩效目标的激励	7
对未实现绩效目标的惩罚	6
州战略计划必须与预算挂钩	5

2.2 区分各州的法律与实践

重要的是，每个州都使用指标来追踪项目和服务的交付进度，因此，正如前面提到的，有些州在缺乏法律依据的情况下，采用了某种形式的绩效预算。同时，在法律健全的一些州（包括许多绩效预算的相关内容），官员并不认为他们的预算过程是绩效导向的（如NASBO于2015年的研究所表明的那样）。此外，事实上，一些法律规定相对狭窄的州表明，在资源分配决策中，仍旧存在使用这类数据的健全系统，特别是在青少年司法服务方面。

2.2.1　不存在或拥有"有限的"绩效预算法的州

南达科他州在政府层面上并没有明确的绩效预算法律。根据法律，各机构必须与预算申请一起提交目标和活动计划。此外，该州关于立法委员会和调查的法律中（第2-6编；会议法2016，第25章，§1；会议法2017，第13章，§6）规定，政府运营和审计委员会的活动，包括制定和实施"绩效管理的审查过程，为立法机关提供了一个统一的制度，来评估各机构的效率和有效性，并向公众提供额外的政府透明度和问责的信息"。这与其他州的法律类似，但更加详细，如新泽西州，在最近的汇总中，我们并没有将其划入制定绩效预算法律的范围，也没有对其进行编码。这类法律需要对机构绩效进行定期但不一定是年度的立法评估，并在循环的基础上（每年选择一定数量的机构和项目）进行评估。尽管如此，针对南达科他州的青少年司法服务，《青少年司法公共安全改进法案》（参议院法案73号，2015）要求，在州内进行绩效和结果的年度报告。该法案开启了南达科他州青少年司法再投资倡议监督委员会与各州部门、联邦机构和众多利益相关方之间的重大合作，以推进服务提供、项目和成果。具体从预算结果来看，"早期数据并未表明改革给各县带来了任何额外的负担，相反，各县通过转移性财政激励计划获得了额外的资金"（State of South Dakota，2016）。

北卡罗来纳州是一个值得研究的有趣样本，因为它偏离了绩效预算法律和实践。这个州过去也有这样的法律（1996年通过的众议院法案53号第18章），其中规定：

负责为北卡罗来纳州10个项目领域制定绩效（项目）预算分析的预算主管，由政府绩效审计委员会（Governmental Performance Audit Commission）任命。州预算和管理办公室应于1996年12月1日前，向政府运营联合立法委员会报告州各部门和机构执行绩效/项目预算分析的发展情况，包含其有效性、是否继续执行以及应做的修改。

然而，2008年，该法律被废除了，但该州依然"就事论事，依据绩效信息来进行资源配置"（Aristigueta and Zarook，2011，pp.188-189）。然而，由于取消了绩效预算立法，取消了州战略规划办公室（State Strategic Planning Office）——对机构绩效进行评估的部门，失去了IT资源管理能力，该州实质上抹去了它的"战略规划和绩效衡量规则……预算办公室、机构和立法者尽管也能获得绩效信息,但在资源分配和管理决策中,使用这些信息的方式却五花八门,并且没有被强调"(Aristigueta and Zarook,2011,p.189)。

2016年,北卡罗来纳州议会通过了该州的《可测量性评估法案》(§143C-3-5,§143E-1至4)。该法律允许州立法机构"对任何建议的或现有的州项目,进行可测量性评估,以确定该项目现在能否(或今后能否)报告绩效以及投资回报"。法律条文将评估定义为"对一个新的或现有的州项目进行的独立评价",评估可以确定项目的独特性,为项目结果能否"解决问题或满足需要"提供证据,确定项目结果能否达成,以及如何制订战略计划并衡量绩效。评估的管理是由州的项目评估部门负责的,同时,会通过竞争招标,雇用外部承包商来完成(North Carolina Measurability Assessment Act,2016)。本研究未将该法案列为绩效预算法案,因为它没有对我们界定的绩效预算相关内容进行规定,如行政机构的责任或将绩效纳入预算决策。

虽然绩效预算在北卡罗来纳州没有立法,但并没有因此妨碍该州"优化青少年司法系统的绩效"(Lipsey and Howell,2012,p.522),1998年《青少年司法改革法案》将北卡罗来纳州的青少年司法系统合并为一个部门,并要求在资金的支持下,根据当地情况对项目进行调整,提供确定的服务。地方议会有责任用发展的眼光对具体的青少年司法项目进行分析。该州已经取得了一些成果,这主要归功于对青少年司法社区项目绩效的重视(Butts and Evans,2011,pp.15-16)。

与上述各州不同的是,南卡罗来纳州是有绩效预算法的,尽管它相当"狭窄"(而且不包括我们已明确的应纳入绩效预算法的许多内容),但该法还是为绩效预算的实施提供了保障。这一法律要求各州机构向州长提交年度问责报告,其中包括机构的使命、实现该使命的目标,以及表明目标实现程度的绩效指标。在第7章中,我们将研究南卡罗来纳州的绩效预算实践,是如何在预算过程的第四个阶段——审计和评估——中占据重要地位的。在此需要注意的是,我们认为年度的行政机构推动进程,不同于定期的或由立法推动的评价或监督进程(比如北卡罗来纳州),尽管随着时间的推移,它们会对州预算产生类似的影响。

　　与南卡罗来纳州一样，佛蒙特州对绩效预算的规定也是有限的，但其绩效预算也取得了一定成功。第 32 编州法规注释§307 规定，预算必须包括"每个机构、部门、办公室或其他实体或项目的战略计划；每个计划必须包括使命陈述、目标，并对评估产出和结果的绩效指标进行描述"。这是一种相当广泛的用语表述。然而，佛蒙特州有一个与其人力资源和财务管理系统相结合的预算系统，正如 NASBO（2015，p.104）早些时候指出的那样，绩效指标已经在试点的基础上被纳入预算系统。密歇根州的绩效预算法也相当薄弱，尽管法律（§18.1332 和§18.1341）规定，州预算主管负责制定以下内容：

　　　　与项目、资金、优先级、管理和绩效相关的全面信息……并对州项目和规划、州项目和活动的财政资金配置进行评价，同时按照批准的公共政策对行政管理和绩效进行评估。

　　为此，州政府在其预算办公室内设立了一个绩效与变革办公室（Office of Performance and Transformation，OPT）。OPT 提出了密歇根开放政府倡议，对部门绩效进行追踪，其明确目的在于，支持建立"战略、预算和标准之间的联系"，并认为"这是推动密歇根重新出发的关键因素"（State of Michigan，2018）。

　　在康涅狄格州，关于州长的两年期预算建议（第 4 编，第 50 章，4-73 节）要求，包含"一份用来评估项目目标完成情况的绩效指标说明，其中应包含但不限于对工作量、服务质量或水平以及项目效率的分析"。康涅狄格州在绩效预算方面的表现是独树一帜的，因为该州立法机构大力推行以结果为基础的问责制（Results-Based Accountability，RBA）。这一努力克服了来自行政部门的质疑，即立法者在做出拨款决定时考虑究竟如何利用绩效信息（NASBO，2014）。这与上文引用的 Aristigueta 和 Zarook（2011，p.200）关于绩效管理的研究相一致，他们发现仅靠法律无法"确保实践的成功和可持续性"。行政领导必须与立法机构共同推动绩效测量在管理和预算领域中的应用。

　　尽管如此，康涅狄格州的立法者们还是坚持将分析应用到预算决策之中，这与目前的研究是一致的。

RBA 在立法机构中使用的目标在于，更好地将资源用于以证据为基础的项目，特别是在青少年司法等项目领域，在这些领域，机构一级存在着更广泛的 RBA 工作。当前，RBA 正被应用于资源配置过程，并被视为一种工作上的进步。

（NASBO，2014，p.19）

事实上，在具体预算实践中，尽管康涅狄格州依法使用绩效数据在细节上有些单薄，但该州已被公认为在青少年司法服务和项目中使用基于证据的实践方面处于领先地位。康涅狄格州已经获得了联邦政府的资助，用于寻找有效的方法，传播有关经过项目验证的知识，并将理论应用于实践（Greenwood and Welsh，2012，pp.506-507）。具体来看，康涅狄格州在以社区为基础的监管项目服务的支持下，成功降低了青少年的监视居住率（Mendel，2013）。

2.2.2 绩效法律更健全的州

在拥有绩效预算法的州中，路易斯安那州、佛罗里达州和艾奥瓦州是名列前茅的。路易斯安那州1997年的《政府与绩效法案》（Government and Performance Act of 1997）仍然是建立绩效预算系统最全面的立法之一。修订后的法规§39：87.1-6增加了绩效数据、进度报告、绩效奖惩、特殊绩效表彰和收益分享项目方面的要求。这得益于众议院拨款委员会（House Appropriations Committee）及其当时的主席、众议院议员 Jerry Luke LeBlanc 的推动，该系统在使用绩效数据进行资源分配方面取得了初步成功。他对这种融合的支持，对路易斯安那州建立以绩效为导向的文化是至关重要的（Epstein and Campbell，2002b，p.5）。早期的努力得到了立法审计署的进一步支持，也或多或少地得到了后来的州长、执行机构、媒体和公众的支持（Epstein and Campbell，2002b，pp.5-7）。如今，路易斯安那州行政管理局的网站（2018a）包含了关于其绩效预算系统的信息、教学材料和实践指导，法律将该系统定义为高度集中的长期战略规划；将战略计划与预算结合起来；定期提供绩效报告；最初为包含与项目目标一致的资金分配的拨款法案。路易斯安那州 LaPAS 在线绩效预算系统对公众开放，以便对机构和项目进行深入研究，同时，该系统可以对项目目标相关的季度标准进行检索（State of Louisiana，2018b）。

同时，路易斯安那州立法审计署（2012）对该州绩效预算的实施情况进行了审计，提出了一些启发性的建议，强调了实践上的倒退。报告指出，91%的行政机构使用绩效数据来追踪和做决策，但只有36%的行政机构使用这些信息来证明预算的合理性。大多数机构（55%）认为，议员在做资源配置的决策时，并没有考虑绩效信息。有趣的是，"许多议员认为，他们并不熟悉（绩效预算）的概念"（Louisiana Legislative Auditor，2012，pp.6-7）。行政机构和立法机构不编制绩效预算的理由包括：（1）指标不具有相关性；（2）不确定去何处寻找信息；（3）对测量精度缺乏信任；（4）数据过多；（5）缺乏与数据关联的文件；（6）不具备用户友好型的系统（Louisiana Legislative Auditor，2012，pp.5-8）。这份报告还介绍了其他州的一些实践，并指出应该考虑在各州"重新制定"（re-boot）绩效预算的有效使用方法。譬如，这份报告推崇学习弗吉尼亚州、得克萨斯州和阿拉斯加州对实施绩效预算价值的高水平认识，并对议员进行培训。审计工作迫使行政预算办公室邀请议员参与"有意义的绩效信息"的制定，以提高数据的相关性。同时，预算办公室还肩负着提高绩效信息的可靠性、明确性和简洁性的任务，以便更好地发挥系统的功能（Louisiana Legislative Auditor，2012）。

佛罗里达州在1994年颁布了《政府绩效与问责法案》，为绩效预算在本州的实施提供了指引。这项法案在某种程度上是全新的，它要求在几个机构进行试点，并在7年的时间内全面覆盖所有行政机构。此外，该法案通过提高灵活性、在预算编制和规划中使用绩效数据、剔除重复的项目和服务的方式，来加强机构问责，以激励机构更有效地提供更好的服务，并提高公民在政府管理中的参与度（VanLandingham，Wellman and Andrews，2005）。该法案还设立了佛罗里达州项目政策分析和政府问责办公室（OPPAGA），为系统的使用和可持续性提供支持。在实施的最初几年，佛罗里达州取得了一些良好的效果——一些机构确实精简了业务，取得了更好的效果，并通过立法机构在分行列支结构（line-item structure）中的让步，实现了预算的灵活性。一些有限的奖励（奖金）也推动了系统的使用。VanLandingham、Wellman 和 Andrews（2005，pp.236-238）还发现，有证据表明，立法机构通过该系统进行监督和预算决策。

OPPAGA 的两份报告（一份是 2000 年，另一份是 2001 年）强调了改革，即在全州范围内改进绩效预算制度，从而改善效率和结果。2000 年的报告侧重于立法和州长制度的改革，这一制度要求各机构更好地将预算与长期规划结合起来，"制定一套全面的绩效指标"，并引入零基预算，以便对机构预算进行深入评估。2001 年的报告侧重于成本衡量和成本评估，以及更全面地定义项目产出，以提高数据的准确性和实用性。

然而，尽管有全面的法律，佛罗里达州的绩效预算系统仍旧未能解决预算改革中较为普遍的问题，这些问题涉及政治、组织和技术层面。委员会和工作人员在立法方向方面的分歧，以及州长换届，导致了法律意图和制度应用的不一致。另外，在改革目标上达成的共识模糊了制度的功能。行政机构和立法机构在灵活性和问责方面的分歧，进一步扰乱了绩效预算的顺利推行。佛罗里达州的绩效预算呈现"碎片化"的特征，这是由多种因素引起的：绩效信息的不一致、机构和项目可靠性及透明度的缺乏；绩效、预算和会计系统之间的联系薄弱；无效的应用激励机制（VanLandingham，Wellman and Andrews，2005）。根据这些学者的研究（2005，p.250），佛罗里达州在绩效预算方面的"最佳实践"状况，应该被认为是略逊于以下之表述的：

总的来说，佛罗里达州（的绩效预算）为立法机构的政策制定和预算决策提供了额外的信息。然而，这一改革并没有从根本上改变预算编制和预算决策的方式。尽管绩效信息对立法机构之预算决策的影响有限，但它对项目管理人员更有用，并为公民和其他关注政府问责的人提供了更多的信息。

然而，像北卡罗来纳州一样，佛罗里达州被公认为是青少年司法项目绩效的模范州（Greenwood and Welsh，2012；Lipsey and Howell，2012）。例如，通过对佛罗里达州青少年司法部（DJJ）的研究和报告，我们可以找到对项目管理者、承包商和公众有用的绩效信息（State of Florida，2018a）。与路易斯安那州的 LaPAS 在线访问功能类似，佛罗里达州的 DJJ 提供了大量与项目相关的绩效数据，并能据此生成个性化报告。依据当前的绩效测量报告（PMR），常见问答表（FAQ）说明了与项目（合同）绩效结果相关的资金影响：

问：我的项目是否会因为没有达到一定的排名而受到惩罚？会对资金产生

影响吗？

答：项目审查是通过一系列绩效指标进行的，这些指标可能包含比当前PMR 系统更多的信息。所有对资金的影响，都已在项目合同和其他的州法律/政策中列出。

问：这份绩效评估报告会影响目前的资助吗？未来的资助呢？

答：再次强调，项目审查是通过一系列绩效指标进行的，这些指标可能包含比当前 PMR 系统更多的信息。绩效较差的项目在当前的合同期限内会受到处罚，同时，会影响未来从政府部门获得资助的机会（State of Florida，2018b）。

艾奥瓦州在 20 世纪 90 年代通过了成果预算（BFR）倡议，正式开始了绩效预算工作。根据 Epstein 和 Campbell（2002a）的研究，早期的绩效预算是行政部门驱动的，这主要受益于连续几届的州长都接受了绩效的理念。绩效数据是围绕"结果领域"而建立的，而不是单个机构或项目。Hager、Hobson 和Wilson（2001）通过比较各州的绩效预算情况发现，艾奥瓦州的成果预算（BFR）确实通过更好的决策实现了有限的改进。但是，绩效信息在拨款过程中的应用是选择性的。根据当时接受采访的立法机构中预算人员的说法，预算仍然是一个政治决定，现实情况是，一些立法者会查看数据，另一些则不会。"帮助议员理解数据是一个持续的教育过程"（Hager，Hobson and Wilson，2001，p.11）。不幸的是，艾奥瓦州在推动绩效预算的实施方面，行政领导与立法机构的意见并不一致。

2000 年，艾奥瓦州通过了《政府问责法案》（Accountability Government Act），这是一部全面的绩效预算法，要求各部门制定战略和绩效计划，并在未能实现绩效目标时进行评估和报告。据称，这一做法旨在实现"政府间实践的一致性，并促使立法者在制定预算决策时使用绩效数据"（NASBO，2014，pp.9-10）。自 2000 年以来的不同时期，艾奥瓦州的绩效预算系统更加强调结果或效率，如今，投资回报是决策者在评估艾奥瓦州的项目和服务时所关注的问题（NASBO，2014）。此外，如前所述，NASBO（2015，pp.99-105）发现，艾奥瓦州有一个包含预算和绩效信息的系统，为系统的整合和简单的报告提供了支持。艾奥瓦州的结果网站提供了每个部门的战略和绩效计划，从而提升了部门绩效的透明度。

艾奥瓦州的管理部（DOM）是公认的州绩效预算系统领域的冠军（NAS-BO，2014）。这个部门的监督有助于保持绩效预算的一致性、稳定性和绩效预算所需的优先级，从而确保其不受时间推移和管理变更的影响（NASBO，2014）。青少年司法规划和绩效方面的数据，也可通过设在人权部下的刑事和青少年司法规划司（CJJP）获得。但是，这个网站和艾奥瓦的结果网站所提供的数据和个性化报告，其实是更加模糊的（Iowa Department of Human Rights，2018）。

尽管，艾奥瓦州在绩效导向乃至绩效预算文化领域，具有较为悠久的历史（尤其得到管理者的支持），但还是很难在青少年司法服务的绩效与预算之间建立联系。最近一项关于艾奥瓦州青少年司法服务的评估发现，全州范围内的政策执行并不一致，并强调了问题所在（Weber et al.，2017）。具体来说，超过一半地区的拘留率呈现提高的趋势，其中大多数地区的拘留时间呈现延长的趋势。现有系统在对高风险和低风险青少年的服务提供（管制）方面，仍存在不公平，在对非裔美国人和女性青少年的服务提供方面，仍与系统中其他类别的青少年存在差异（Weber et al.，2017）。

2.3 结论

通过回顾各州相关法律的演变，我们应该清楚地看到，"不断改进"是各州绩效预算立法进程的主旋律。虽然绩效预算立法是为了强化应用，但是法律条款可能很粗糙，甚至不存在，无论这些条款是含糊的还是完善的，各州仍可能利用绩效数据来进行预算（和管理）决策。法律在综合性、问责和发生率方面各不相同。立法实践没有"唯一的最佳方式"。但是，就"有记录"的各州绩效预算的相关实践而言，绩效预算立法进程依然在稳步向前，这表明，它们对如何更好地识别和编制预算，以取得更好的政府成果，一直很感兴趣。在各州，绩效预算的实践时起时伏，在此期间，绩效预算主要依靠其拥护者的支持——行政部门、立法机构，或者二者共同——来加强与其他制度的关联度。

注释

1.NASBO（2015，pp.66-70）将增量方法定义为预算持续的合理性；分行列支方法主要关注支出的目标，规划预算和绩效预算都需要在一定程度上关注政府活动的结果，规划预算需要涵盖公共项目和服务之政策意图的信息，而绩效预算则需要关注项目目标和绩效的信息。这两种方法都将项目和活动作为预算单位进行，而不是作为分行列支条目。绩效预算要求使用为预算编制和资源分配所生成的信息，以实现可度量的结果。零基预算要求对项目和服务进行更全面的评估，并可能定期对预算编制和（或）机构/项目审查的资金水平进行重新审定。

参考文献

Andrews, M. (2004). Authority, acceptance, ability and performance-based budgeting reforms. *International Journal of Public Sector Management*, 17(4), 332–344.

Aristigueta, M. P., and Zarook, F. N. (2011). Managing for results in six states: A decade of progress demonstrates that leadership matters. *Public Performance & Management Review*, 35(1), 177–201.

Berry, F. S., and Flowers, G. (1999). Public entrepreneurs in the policy process: Performance-based budgeting reform in Florida. *Journal of Public Budgeting, Accounting & Financial Management*, 11(4), 578–617.

Butts, J. A., and Evans, D. N. (2011). Resolution, reinvestment, and realignment: Three strategies for changing juvenile justice. New York, NY: Research and Evaluation Center, John Jay College of Criminal Justice, City University of New York. Accessed on April 15, 2018 at: http://njjn. org/uploads/digital-library/Resolution,%20 Reinvestment,%20and%20Realignment,%20Butts%20and%20Evans,%209.11.pdf.

Dodge, K. A., and Mandel, A. D. (2012). Building evidence for evidence-based policy making. *Criminology and Public Policy*, 11(3), 525–534.

Easterling, C. N. (1999). Performance budgeting in Florida: To muddle or not to muddle, that is the question. *Journal of Public Budgeting, Accounting & Financial Management*, 11(4), 559–577.

Epstein, P. D. and Campbell, W. (2002a). Use and the effects of using performance measures for budgeting, management and reporting: Case Study: State of Iowa. (September). GASB Service Efforts and Accomplishments Project, the Sloan Foundation. Accessed on March 25, 2017 at: www.seagov.org/sea_gasb_project/state_ia.pdf.

——. (2002b). Use and the effects of using performance measures for budgeting, management and reporting: Case Study: State of Louisiana. (September). GASB Service Efforts and Accomplishments Project, the Sloan Foundation. Accessed on March 25, 2017 at: www.seagov.org/sea_gasb_project/state_la.pdf.

Florida Office of Program Policy Analysis and Government Accountability (OPPAGA). (2001). Florida's unit cost initiative shows promise, but needs development. *Report No.* 01–05, January. Accessed on January 18, 2018 at: www. oppaga. state. fl. us/Summary. aspx? reportNum=01–05.

——. (2000). Recent initiatives strengthen Florida's performance-based budgeting system. *Report No.* 00–15, November. Accessed on January 18, 2018 at: www.oppaga. state.fl. us/Summary.aspx? reportNum=00–15.

——. (1997). Performance-based program budgeting in context: History and comparison. April. Accessed on January 25, 2018 at: www.oppaga.state.fl.us/MonitorDocs/Reports/pdf/9677arpt.pdf.

Greenwood, P. W., and Welsh, B. C. (2012). Promoting evidenced-based practice in delinquency prevention at the state level: Principles, progress and policy directions. *Criminology and Public Policy*, 11(3), 493–514.

Grizzle, G., and Pettijohn, C. D. (2002). Implementing performance-based program budgeting: A system-dynamics perspective. *Public Administration Review 62*(1), 51-62.

Hager, G., Hobson, A., and Wilson, G. (2001). Performance-based budgeting: Concepts and examples. Legislature Program Review and Investigations Committee Staff Report, Kentucky Legislative Research Commission, June 14. Research report No. 302. Accessed on January 30, 2018 at: www.e-archives.ky.gov/Pubs/LRC/RR302.pdf.

Hendon, C. (1999). Performance budgeting in Florida—Halfway there. *Journal of Public Budgeting, Accounting & Financial Management, 11*(4), 670-679.

Iowa Department of Human Rights. (2018). Criminal and juvenile justice planning. Accessed on April 15, 2018 at: https://humanrights.iowa.gov/cjjp.

Kelly, J. M. and Rivenbark, W. C. (2015). *Performance budgeting for state and local government*, 2nd edition. New York, NY: Routledge Press.

Lee, Jr., R. D. (1997). A quarter century of state budgeting practices. *Public Administration Review, 57*(2), 133-140.

Lipsey, M. W., and Howell, J. C. (2012). A broader view of evidence-based programs reveals more options for state juvenile justice systems. *Criminology and Public Policy, 11* (3), 515-524.

Louisiana Legislative Auditor. (2012). Performance based budgeting: Performance audit. May 23. Accessed on January 25, 2018 at: https://app.lla.state.la.us/PublicReports.nsf/ 96E412C53172 638186257A06004E404F/$FILE/0002A625.pdf.

Lu, Y. (2007). Performance budgeting: The perspective of state agencies. *Public Budgeting & Finance, 27*(4), 1-17.

Lu, Y., and Willoughby, K. (2015). Performance budgeting in American states: A framework of integrating performance with budgeting. *International Journal of Public Administration, 38* (8), 562-572.

Lu, Y., and Willoughby, K. G. (2012). Performance budgeting in the states: An assessment. *IBM The Business of Government* (Fall/Winter), 71-75.

Lu, Y., Willoughby, K., and Arnett, S. (2011). Performance budgeting in the American states: What's law got to do with it? *State and Local Government Review, 43*(2), 79-94.

——. (2009). Legislating results: Examining the legal foundations of PBB systems in the states. *Public Performance & Management Review, 33*(2), 266-287.

Melkers, J., and Willoughby, K. (2004). Staying the course: The use of performance measurement in state governments. Washington, D.C.: IBM Center for the Business of Government.

——. (2001). Budgeters' views of state performance-budgeting systems: Distinctions across branches. *Public Administration Review, 61*(1), 54-64.

——. (1998). The state of the states: Performance-based budgeting requirements in 47 out of 50. *Public Administration Review, 58*(1), 66-73.

Mendel, R. (2013). Juvenile justice reform in Connecticut. Justice Policy Institute. Accessed on April 30, 2018 at: www.justicepolicy.org/research/4969.

Moynihan, D. P. (2006). Managing for results in state government: Evaluating a decade of reform. *Public Administration Review*,*66*(1),77–89.

Mullin,C. M.,and Honeyman,D. S. (2008). Accounting for equity：Performance-based budgeting and fiscal equity in Florida. *Journal of Education Finance*,*34*(2),109–138.

National Association of State Budget Officers (NASBO). (2015). *Budget processes in the states.* Washington,D.C.

———. (2014). *Investing in results：Using performance data to inform state budgeting.* Summer. Washington,D.C.

North Carolina Measurability Assessment Act. (2016). North Carolina Code §143E-1-4. Accessed on April 15,2018 at：https：//law.justia.com/codes/north-carolina/2016/chapter-143e/.

Robinson,M.,and Brumby,J. (2005). Does performance budgeting work? An analytical review of the empirical literature. Working Papers. International Monetary Fund. November 1. Available at：www.imf.org/external/pubs/ft/wp/2005/wp05210.pdf.

State of Florida. (2018a). Department of Juvenile Justice,reports and data. Accessed on March 30,2018 at：www.djj.state.fl.us/research/reports/reports-and-data/.

———. (2018b). Department of Juvenile Justice,FAQ,research. Accessed on March 30,2018 at：http：//prod.djj.state.fl.us/faqs/research.

State of Louisiana. (2018a). Performance-based budgeting：An overview. Accessed on January 25,2018 at：www.doa.la.gov/Pages/opb/pbb.aspx.

———. (2018b). Division of Administration：LaPAS functions：View performance information in real time. Accessed on January 25,2018 at：www.doa.la.gov/Pages/opb/lapas/login.aspx#View.

State of Michigan. (2018). Michigan's Open Government Initiative,department performance. Accessed on January 25,2018 at：www.michigan.gov/openmichigan/0,4648,7-266-60201---,00.html.

State of South Dakota. (2016). South Dakota Juvenile Justice 2016 Annual Report Public Safety Improvement Act. Accessed on January 18,2018 at：http：//jjri.sd.gov/docs/JJP-SIA%202016%20Annual%20Report.pdf.

VanLandingham,G.,Wellman,M.,and Andrews,M. (2005). Useful,but not a panacea：Performance-based program budgeting in Florida. *International Journal of Public Administration*,*28*(3–4),233–253.

Weber,J.,Seigle,E.,Rogers,E.,Vincent,G.,and Umpierre,M. (2017). Iowa's juvenile justice system improvement planning grant：Key findings from system analysis. Accessed on April 30,2018 at：https：//humanrights.iowa.gov/sites/default/files/media/CSG%27s Iowa Taskforce Meeting Presentation_0.pdf.

Willoughby,K.,and Melkers,J. (2001). Assessing the impact of performance budgeting：A survey of American states. *Government Finance Review*，*17*(2),25–30.

———. (2000). Implementing PBB：Conflicting views of success. *Public Budgeting and Finance*,*20*(1),105–120.

第 **3** 章 州青少年司法服务项目——组织、测量和预算

引言

　　上一章研究了各州的绩效预算法，描述了法律条款随时间的演变过程以及现有立法的不同特征。针对所考察州的法律和实践的研究，我们发现，绩效预算的法律基础，只是与预算绩效数据相关的难题之一。本章探讨了各州如何开展青少年司法服务，以及绩效数据是否以及如何用于这些项目和服务的预算编制。州青少年司法机构有责任通过司法系统为接受政府照管的年轻人提供服务。这些机构大多数单独负责或协调其他部门实施机构照管和自然（或社区）照管——这两种服务都需要对专业人员和协同项目交付进行大量投资，并不断进行评估，以了解哪些有效，哪些无效。在第 1 章中，我们提到州政府的青少年司法服务费用很高。因此，理解绩效信息如何应用于此项州职能的预算，变得更加紧迫。在本章中，在对美国各州青少年司法人员和工作进行一般化描述之后，我们采用第 2 章中的特征化和评分方法，比较了各州不同的绩效预算及其不同的运作结构，以揭示绩效测量与青少年司法预算之关系的细微差别。

3.1 美国的青少年司法体系

青少年司法和犯罪预防办公室（the Office of Juvenile Justice and Delinquency Prevention，OJJDP）估计，2016年被逮捕的青少年有856 130人，比2007年减少58%，比2015年减少7%（OJJDP，2017）。然而，2016年被逮捕青少年的人口统计数据反映了一个充满挑战的问题——男性占71%，女性占29%；从族群看，62%是高加索人，35%是非洲裔美国人，2%是美洲印第安人，1%是亚裔/夏威夷原住民和太平洋岛民（NHPI）。少数族群占69%，且85%是男性。

各州种族和少数族群的多样性，会影响青少年司法服务方案的设计和预算。例如，2010年，缅因州、新罕布什尔州、佛蒙特州和西弗吉尼亚州的青少年，有90%是非西班牙裔白人。又或者，加利福尼亚州和新墨西哥州的青少年人口中，有一半以上是西班牙裔。南部边境州往往有大量西班牙裔青少年人口；拥有最多的美洲印第安人或阿拉斯加原住民的州，包括阿拉斯加州、蒙大拿州、新墨西哥州、俄克拉何马州和南达科他州。2010年拥有大量非洲裔青少年人口的州，包括佐治亚州、路易斯安那州、马里兰州、密西西比州和南卡罗来纳州（Sickmund and Puzzanchera，2014）。

Sickmund及其同事（2015）定义了安置状态（placement status）：

● **监禁（committed）**：是指法庭作出处置决定，将青少年安置在特定设施中。被监禁的青少年可能已被青少年法庭或刑事法庭判决和定罪。

● **拘留（detained）**：是指安置正在等待青少年法庭举行裁决听证会的青少年，以及在判决后等待处置的青少年，还包括等待转移到成人刑事法庭，或等待成人刑事法庭的听证或审判的青少年。

● **分流（diversion）**：是指根据分流协议，将青少年送到特定设施中以代替裁决。

表3-1显示了2015年美国的各种安置类型。可以发现，公共设施安置占比最高。尽管如此，全国范围内更多地将青少年司法服务之结果，从拘留转为"自然"或社区照管，使每10万名青少年的监禁率在1997—2015年下降了72%。

事实上，从1997年到2006年，美国青少年安置设施中的青少年人数下降了12%，随之而来的是暴力犯罪数量的下降（-13%）和财产犯罪数量的下降（-14%）（Justice Policy Institute，2009，p.10）。从2000年到2014年，拘留安置的青少年人数在所有类型的设施中（小型，<20个床位；中型，21～100个床位；大型，>100个床位）平均下降了53%；在大型设施中下降了74%。2014年州设施占所有设施的21%，收容了34%的青少年；33%的设施由当地运营，收容了37%的青少年；私营设施数量最多，占46%，但只收容了29%的青少年（OJJDP，2016）。

表 3-1　　　　　　　　　　2015 年美国青少年司法安置情况

	总安置	监禁	拘留	分流
美国	（100%）48 043	66%	33%	-1%
	青少年总安置人数			
	公共设施		**私营设施**	
美国	69%		31%	
	每10万名青少年在州运营的公共设施中的监禁率			
	1997		**2015**	
美国	138		39	

Source：Placement Status by State，2015 available at Easy Access to the Census of Juveniles in Residential Placement：1997-2015，available online at： www.ojjdp.gov/ojstatbb/ezacjrp/ asp/ State_Adj.asp？ state=&topic=State_Adj&year=2015&percent=count.

尽管青少年逮捕和监禁（包括拘留和居所设施）的比率有所下降，但我们仍然迫切需要了解绩效测量与美国青少年司法系统预算信息之间的联系。从经济学角度来看，青少年司法和青少年监禁的成本仍然很高。2014年，司法政策研究所的一份报告估计，全国每年青少年监禁的长期成本约为80亿~210亿美元（Sneed，2014）。在某种程度上，这样的成本是由于如今进入青少年司法系统的年轻人存在多种问题——贫困、高辍学率、失业、暴力和被忽视——解决这些问题非常困难且代价高昂（Sickmund and Puzzanchera，2014）。关于经济成本，Simmonds（2018）报告了"青少年司法之旅"项目（一个来自纽约市立大学新闻研究院的项目），他发现，"在 2010 年，纽约州在每个被监禁的青少年身上花费了 266 000 美元"。Goldstein（2017）在青少年司法信息交流中心表示，加利福尼亚"预计今年会在州管教设施方面为每名青少年花费271 318 美元"。这些花费包括了管理和维护拘留设施的人员支出，当然也包括为青少年罪犯提供诊疗的医疗、心理和其他专业人员费用。

然而，当前将州青少年司法程序从监禁方式转变为本地自然或社区照管这一提案，还存在着很多财政上的障碍。根据 Greenwood 和 Welsh（2012，p.494）的分析：

预防项目需要协调当地的投资和行动，涉及青少年法庭、缓刑、心理健康、公共卫生、儿童福利、教育和其他利益相关者。这些项目能够减少未来在监狱服刑的人数，从而使各州获得直接的财政收益。对于那些由州一级来管理青少年法庭和提供缓刑服务的项目来说，这种协调可能不是问题。但在大多数州，青少年法庭、缓刑和其他社会服务是由各县提供的，除非各州能够设计出一些与各县分享财政收益的方法，否则，协调将是一个大问题。

下面我们将详细介绍青少年司法服务的情况，以及各州在青少年监护方面实现更好绩效的例子。如上所述，在循证实践中，即使让青少年在自然的环境中接受管教，而非关押在监狱里，这种做法的成本依然很高。

3.1.1　从监禁到自然照管：针对问题青少年的前进方向

现代研究表明，青少年司法服务和项目虽然代价很高昂，但可以对青少年罪犯产生积极的影响。Sickmund 和 Puzzanchera（2014）指出，许多因素有助于对接受青少年司法服务的年轻人产生积极影响——服务质量、对服务和项目需求的配套、机构的经验和设施环境等。减少对非暴力青少年的监禁、基于社区的项目以及从住所监禁到这些项目的无缝对接服务，均可以减少青少年再犯罪率和再次被捕的可能性。Henggeler 和 Schoenwald（2011，pp.6-7）通过研究分析，提出了有效的青少年司法项目的三项要求；其中后两项会增加成本，因为这要求项目能够提供个性化和强有力的支持及规划：

- 有效的项目能够处理与少年犯有关的风险因素。
- 有效的项目本质上是管教性的，在青少年生活的自然环境中，使用行为干预方法。

　　●有效的项目需要界定清晰，并对干预效度（intervention fidelity）提供强有力的支持。

　　考虑到青少年人口及其与全国青少年司法系统之间作用关系的复杂变化，州政府在应对上面提到的循证项目方面的压力，以及预算的持续紧张方面，各州应该如何组织开展这项工作呢？从下文中我们发现，像往常一样，美国各州政府并没有让人失望——它们通过提供多种多样的关于青少年司法服务和项目的组织战略，成为预算管理的真正试验场。

3.2　州青少年司法服务组织

　　事实上，州提供青少年司法服务的方式多种多样，包括各种公共、私营和非营利组织和基金。表3-2列出了美国各州政府如何管理青少年司法服务的数据，包括羁押者、缓刑犯和重返社会者。拥有能够提供所有这三种服务的集中管理系统的州最少（11个）。青少年司法地理、政策、实践和统计机构（JJGPS，2018）发现，在这些州中，只有犹他州将所有青少年司法服务完全集中到一个州机构中——人力服务部内的青少年司法服务处（State of Utah，Division of Juvenile Services，2018）。大多数州都有一个混合的系统。在这些系统中，由州（22个）或地方（17个）运营三项服务中的两项。然而，由各州负责各种组织安排——当然，地方政府决定青少年是否进入青少年司法系统，并对自然照管的过程和服务负首要责任。各州可能主要负责由地方运营的安全设施（JJGPS，2018）。青少年司法的大部分工作是协作性的——州与地方合作，获得联邦政府的授权和基础性支持，这些由州支付的项目和服务可能由私人供应商提供。集中管理实际上是连续性的工作，其中犹他州可能是集中提供青少年司法服务和项目的极端案例（National Center for Juvenile Justice，2006）。

表3-2　　　　　　2017年美国各州的青少年司法服务总体情况

总体情况是指基于三种服务——羁押（detention）、缓刑（probation）和重返社会（reentry）[①]——如何组织（并将矫正工作常态化）来概括的。

三项服务均由州运营 （11个）	两项服务由州运营 （22个）	两项服务由地方运营 （17个）
阿拉斯加州	亚拉巴马州	亚利桑那州
康涅狄格州	科罗拉多州	阿肯色州
特拉华州	佛罗里达州	加利福尼亚州
夏威夷州	佐治亚州	爱达荷州
缅因州	艾奥瓦州	伊利诺伊州
马里兰州	肯塔基州	印第安纳州
马萨诸塞州	路易斯安那州	堪萨斯州
新罕布什尔州	密西西比州	密歇根州
罗德岛州	密苏里州	明尼苏达州
犹他州	蒙大拿州	内华达州
佛蒙特州	内布拉斯加州	纽约州
	新泽西州	俄亥俄州
	新墨西哥州	俄勒冈州
	北卡罗来纳州	宾夕法尼亚州
	北达科他州	得克萨斯州
	俄克拉何马州	华盛顿州
	南卡罗来纳州	威斯康星州
	南达科他州	
	田纳西州	
	弗吉尼亚州	
	西弗吉尼亚州	
	怀俄明州	

Source：JJGPS，2017 Juvenile Justice Services Basic Services，accessed on April 30，2018 at：www.jjgps.org/juvenile-justice-services#basic-services？filter=overall.

---

① 美国北卡罗来纳州立大学施马勒格（F. Schmalleger）教授与西佛罗里达大学斯迈卡尔（J. O. Smykal）在其《21世纪的矫正》一书中指出："Reintegration"是使服刑人员转变为建设性社会成员的过程，是矫正的衍生概念；"Reentry"是服刑人员从监狱到社会的过渡过程。在澳大利亚犯罪学研究院的一份报告中，将"Reintegration"与"Resettlement"定义为使服刑人员达到具有建设性的、独立人格的目标及其过程。报告认为"Reentry"是指解除监禁后的一个时间段。还有的学者认为，Reentry的意思就是Reintegration。"Transition"被认为是监禁与社会的桥梁，具体体现在允许服刑人员在外就业、与家庭联系等实质的与社会交流方面——译者注。

3.3　比较各州的不同法律和运营安排

以下部分描述了所选州的情况，强调了薄弱的与稳健的绩效预算法、青少年司法服务和项目提供的集中管理与混合或地方运营安排之间的比较。我们研究了这些系统中是否存在以及在哪里存在绩效指标，这些数据是否与机构预算相结合，从而影响项目结果。

3.3.1　特拉华州：薄弱的绩效预算法和高度集中管理的青少年司法服务

特拉华州的绩效预算法很薄弱，全面性方面得分为 2 分（见第 2 章，表 2-3 和表 2-4）。该分数表明，其问责制的相关内容仅体现在法律中。《政府问责法案》［第 29 条，§10501-10503（1996）］宣称，"议会认为，制定政府项目的绩效指标和标准，会促进州资源更有效地分配和使用"。议会还赋予管理和预算办公室（OMB）"审计长"（controller general）的职责，以确保预算文件包括机构任务说明、组织结构图、"每个内部项目单位（internal program unit）的绩效指标"，以及"关于计划分配的服务、与机构能够完成哪些项目和（或）服务之间联系的描述"。OMB 主管负责向立法机构提交包含上述信息的预算文件，然后机构主管必须"在议会联席财政委员会的预算听证会上，讨论这些任务说明、绩效指标和资金需求"（《政府问责法案》，第 29 条，§10501 ~ 10503（1996））。

特拉华州的青少年管教服务处（DYRS）隶属于该州的儿童、青少年与家庭服务部。DYRS 负责管理州内所有的青少年司法项目，包括羁押者、缓刑犯和重返社会者（JJGPS，Delaware，2018）。州法（《政府问责法案》第 90 章第 29 条，§9006）指出，DYRS"负责提供儿童和青少年的拘留、机构照管、缓刑、善后和预防服务"。该州一直致力于将青少年司法服务集中起来，以"避免服务的分散和重复，并加强对这些服务的提供和管理的问责机制"（《政府问责法案》第 90 章第 29 条，§9001）。DYRS 的目的被理解为"国家监护人（parens patriae）"，当孩子受到父母的威胁、虐待、忽视和（或）伤害时，这一集中管理组织负责进行州层面的干预（OJJDP Statistical Briefing Book，

2018）。[1]

　　一般来说，特拉华州是一个财政保守的州，以多年来一直保持的"AAA"信用评级而闻名。[2]该州在整体财政运行状况中排名第31，处于平均水平，尽管它距离"平均水平以下"只有两步之遥（Norcross and Gonzalez，2017）。该州在信托基金偿付能力方面排名第9位，高于全国平均水平，但在其他所有财政偿付比率方面均低于全国平均水平。特拉华州在预算、长期和服务水平偿付能力中排名第40位（Norcross and Gonzalez，2017）。这说明该州面临着一定的财政压力。特拉华州未能按时通过其2018财年预算；在处理完4亿美元预算缺口后，立法机构批准了2017年7月1日财年开始后的拨款。特拉华州州长John Carney在2017年1月提交的财政概要中提到，鉴于预算紧张，他对确保该州能够承担财政责任感到担忧——维持该州的AAA债券评级的重要性，仅次于平衡预算（State of Delaware，Office of the Governor，2017）。约有1%的特拉华州预算资助了DYRS，或者说是40多亿美元预算中的约4 400万美元；在2018财年，该机构的预算为4 450万美元，占该部门2.025亿美元预算的22%。

　　州长的运营预算议案中使用了DYRS的绩效指标。与DYRS社区服务相关的指标包括：四级再犯罪的百分比，初次缓刑时按时接触的百分比和缓刑期间按时接触的百分比；DYRS在安全监护方面，提供了菲利斯学校（Ferris School，一种住所设施）的百分比。但是，没有迹象表明这些数据仅仅是信息。该州的刑事司法委员会也为青少年司法领域的资助机会提供了大量报告和协助——统计分析中心（SAC）在官网和报告文本中都发布了青少年司法统计数据（State of Delaware，Statistical Analysis Center，2018）。

　　特别是在过去的10年中，DYRS进行了一系列改革，以提供更好的青少年司法服务和项目，并取得了很好的成效（DYRS，2018）。该州一直在不断改进项目和可评估的战略，并建立基础设施以提高绩效。具体的举措包括：在居所执行拘留；重新设计协议，以便在司法系统中对青少年进行早期干预；重新制定教育规划；采用一系列评估工具，包括积极成效转变工具（PACT）、社区标准（CBS）和标准项目评估协议（SPEP）；对安全项目和设施实行基于绩效的标准（Performance-based Standards，PbS）；建立质量改进部门（特拉华州，

DYRS，2018)。此外，州长 Carney 还签署了三项新法律，作为对处于州监护中并进入成人刑事司法系统的青少年的约束制度，这些法律支持会更好地保障青少年的权利，扩大分流项目，以使他们通过咨询和社区服务获取清白的记录，并允许州法官将受成人法庭指控的青少年转移到家庭法庭（Read，2017)。

所有这些努力似乎都有助于为特拉华州带来良好的青少年司法结果。2017年 12 月，DYRS 获得了两项国家奖项：（1）最佳五级青少年设施；（2）最佳社区住所项目（Delaware Division of Youth Rehabilitative Services，2017），以支持其改革和管理变革。虽然绩效和预算之间的联系尚不清楚，特拉华州还是在内部使用了绩效指标，来支持改革和管理方式的转变。在这个相对较小的州内集中各类青少年司法服务，可能是有优势的——在改革中增加一些灵活性，以最佳地实践和重新设计旧制度。

3.3.2　加利福尼亚州：薄弱的绩效预算法和地方运营的青少年司法项目

与特拉华州一样，加利福尼亚州的绩效预算法也很薄弱，要求进行绩效测量或将其应用于预算中的相关内容较少。该州法律的全面性得分为 4 分，而特拉华州得分为 2 分（见第 2 章表 2-3 和表 2-4）。这一分数表明，加利福尼亚州的法律中包含了综合性和问责机制的相关内容。最初的立法包括对机构的战略规划要求，这是绩效审查和绩效预算试点项目的基础。加利福尼亚州立法机构于 2011 年尝试通过参议院法案 14 号，该法案超越了过去对战略规划的要求，规定所有州机构均需要实行绩效预算；然而，州长 Jerry Brown 否决了该法案（Howard et al.，2012)。

加利福尼亚州自 2015 年以来一直保持标准普尔的 AA⁻级信用评级。该州的整体财政状况排名低于平均水平（第 43 位）（Norcross and Gonzalez，2017)。加利福尼亚州在预算偿付能力方面排名第 12 位，2017 年是其财政比率高于全美平均水平的唯一一次。该州的其他比率均低于全国平均水平，其中服务偿付能力排名第 29 位，信托基金偿付能力排名第 41 位，长期资金和现金偿付能力两者均排名第 45 位（Norcross and Gonzalez，2017)。加利福尼亚州的预算确实存在一些限制因素，其对实现平衡或管理预算之能力的影响，研究结论尚未达成一致（Caiden and Chapman，1982；Matsusaka，2005；Musso，Graddy and Grizard，2006）。我们不打算在此讨论这些预算限制，它们与其他州的预算约束有很大不同。然而，在我们所研究的时期，我们发现，在过去6年中，该州的一般性收入（以实际美元计算）增长了17%，从2011年的880亿美元增加到2016年的1 030亿美元。

　　与特拉华州不同，加利福尼亚州的青少年司法项目主要是由地方运营的（JJGPS，California，2018）。该州青少年法庭目的性条款采用了平衡和恢复性司法（the balanced and restorative justice，BARJ）模式，这一模式涉及对20世纪90年代以来处于惩诫阶段青少年的司法改革（QJJDP Statistical Briefing Book，2018）。该州过去在管理中面临的问题、持续的财政挑战以及数据和技术问题，使青少年司法工作成为一项艰巨的任务。2003年，一个法律案件暴露了加利福尼亚青少年管理局（CYA）"非法、不人道、歧视性和惩罚性的状况"，从而引发了重大的组织和司法改革（Farrell v. Harper，n.d.）。CYA更名为青少年司法部（DJJ），随着该机构管辖权的削弱，在时任州长 Arnold Schwarzenegger 的主导下，将其交由加利福尼亚惩戒与康复部（CDCR）管辖（Krisberg et al.，2010）。DJJ只负责管理涉及暴力和危险犯罪的被监禁青少年，而犯有较轻罪行的青少年则通过社区项目在当地进行管理。

　　在这一改革之后，DJJ的确实现了拘留青少年人数的下降，但也导致了运营这些设施的人均成本增加，而该部门却几乎没有增加预算来缓解这一状况。州长 Jerry Brown 在其2018—2019年预算提案中，推动了新的青少年司法改革，允许被送到或已经在DJJ设施中服刑的年轻人滞留到25岁（而不是21岁）（Loudenback，2018）。然而，考虑到目前DJJ仅有37%的设施运营率，以及去年人均317 771美元的监禁成本，一些人认为，这是DJJ为"增加该州日益减少的青少年监禁人数"而作出的努力（Loudenback，2018）。最近，应州长 Brown的要求，加利福尼亚州立法分析师办公室推迟发布了关于效率和成效的报告（Taylor，2018）。

　　我们的研究发现，DJJ没有采用完善的绩效指标来为预算决策提供信息。相反，关于提取数据来为加利福尼亚青少年司法系统提供信息这件事情，其实是存在分歧的。加利福尼亚青少年司法工作组（2016，p.13）呼吁，放弃"过时的绩效指标，这些指标已被证明对政策制定者和缓刑项目执行者没有什么价值"。该工作组建议各县简化报告，以提供更好的数据。但该工作组使用了一个远超出其使用寿命的陈旧的数据和跟踪系统，这阻碍了使用绩效数据来改进DJJ项目结果的努力，更不用说为预算决策提供信息。

　　部分由于该州不同机构之间数据采集的碎片化，加利福尼亚州没有一个集中的网站或数据交换中心，来检索青少年司法程序、案件量、设施或绩效结果等信息。想要搜索相关数据，必须在不同机构的网站之间进行切换，以便将分散在不同机构的信息整合在一起。根据查询的级别，信息搜索人提出的部分问题可以很容易地回答，而其他问题则根本无法回答。

　　　　　　　　　　　　（California Juvenile Justice Working Group，2016，p.20）

　　尽管加利福尼亚州和特拉华州的绩效预算都很薄弱，但加州在财政与功能方面，较之特拉华州截然不同。就人口、预算和财政以及经济而言，加利福尼亚州是美国最大的州。特拉华州2017年第四季度的地区生产总值为加利福尼亚州的2.7%（U.S. Department of Commerce，2018）。加利福尼亚州2018年一般性基金收入为1 259亿美元，特拉华州则为42亿美元（NASBO，2017，p.8）。两个州在青少年司法系统管理方面相距甚远。特拉华州集中管理青少年司法服务，而加利福尼亚州主要由地方管理。在特拉华州，一些预算文件中已经采用了绩效指标，并且即使没有应用于预算中，这些指标也受到管理与改革部门的重视。特拉华州在青少年司法工作中已经取得了部分成功（例如，获得了国家奖励）。在加利福尼亚州，一系列问题叠加在青少年司法服务功能、项目和数据追踪之上，严重阻碍了这一工作进程。

3.3.3　亚拉巴马州：适度综合的绩效预算法和大多数由州管理的青少年司法服务项目

　　亚拉巴马州在绩效预算法的全面性评分中获得了8分（见第2章表2-3和表2-4）。这一分数表明，法律条款中包含了综合性、发生率和问责的相关内容。《预算管理法案》（§41-19-1至§41-19-12（1995））要求，州机构向财政部门（DOF）报告其绩效，并要求DOF向立法机构提交这些报告。DOF内的预算执行办公室（EBO）将所有绩效报告整合到季度绩效报告中，这些报告可在线轻松访问，并可以追溯到过去8年。每个州机构的报告都包含在EBO制作的季度报表中。

该州1975年的法律赋予青少年服务部（DYS）创建"预防青少年犯罪和少年犯管教"项目的职责（Alabama State Code，2018）。DYS隶属于州长和青少年服务委员会（Youth Services Board），由一名执行主任负责管理，副主任负责监督行政服务、社区服务和机构服务。目前，青少年司法服务主要由州运营（针对缓刑者和重返社会者），而拘留（包括与一些私人签订的羁押合同）则由各县运营（JJGPS，Alabama，2018）。该机构的青少年法庭目的性条款采取平衡和恢复性司法（BARJ）导向（OJJDP Statistical Briefing Book，2018）。Fazal（2014，p.7）解释了亚拉巴马州包含的一项战略规划的青少年司法改革，该规划"支持施加尽可能少的限制，并明确指出，针对罪行严重的少年犯，监禁是不合适且非常昂贵的措施"。

在过去10年中，亚拉巴马州一直保持着AA级信用评级。该州在整体财政运行方面排名第12位，现金、服务水平和长期偿付能力均高于全国平均水平（Norcross and Gonzalez，2017）。虽然其现金偿付能力排名很高（第9位），但亚拉巴马州的信托基金偿付能力的排名低于全国平均水平（第34位），而预算偿付能力排名靠后（第44位）。该州的预算偿付能力问题部分归因于其一般性基金和教育信托基金的分割。亚拉巴马州每年运营着80多亿美元的预算基金。教育信托基金来自州所得税收入，是两项基金中较大的一项，约占这些拨款的77%。教育基金中的资金仅用于公共教育、债务偿付以及与教育有关的基础设施投资。一般性基金用于其他一般性支出（Alabama DOF，EBO，2018b）。亚拉巴马州州长Kay Ivey的2019财年教育信托基金建议预算为66.3亿美元；而一般性基金预算仅为20.3亿美元（State of Alabama，State Finance Director，2018）。

DYS从一般性基金和教育信托基金获得资金支持；其中大约12%的资金来自一般性基金，大部分来自教育基金（88%）。以实际美元计算，2011年对DYS的立法拨款为1.008亿美元，2016年减少到9 110万美元。在此期间，DYS

资金的州来源占比从84.4%下降到76.1%，联邦资金来源占比从15.6%上升到23.9%。援引基金会青少年司法战略小组成员Annie E.Casey对亚拉巴马州青少年司法改革的评论，过去该州对DYS资金支持的下降，与该部门公开的战略导向有关，显然这种情况在今天仍在持续：

> 在不威胁公共安全的情况下，承诺给DYS的资金显著减少。虽然青少年服务部和法院行政办公室的预算在缩减，但该州对社区非居所项目提供的资金仍在增加——亚拉巴马州的青少年司法改革更精简、更有效、更具战略性（2011年5月）。

（Fazal，2014，p.7）

根据法律规定，在报告和使用绩效数据方面，亚拉巴马州各机构需要通过州会计和资源系统（STAARS）向EBO提交预算申请、执行计划和季度绩效报告（Alabama DOF，EBO，2018a）。机构的季度报告指南强调了"每个机构至少要提出一个最低目标和一个绩效目标"，供州绩效预算系统使用（STAARS，2018）。该州所有机构的绩效报告，均可以在亚拉巴马州EBO的网站上轻松访问和获取。

表3-3列出了由STAARS（2018）提供的绩效报告所得出的DYS在2011年至2016年间的年度预算和绩效数据。请注意，项目的变更（成效网络专用程序项目，SPAN）会中断对资金绩效的追踪，这类问题在那些与绩效预算和管理系统相关的评估和追踪一致性中是普遍存在的。尽管如此，追踪这一"趋势"仍然很有趣。从2011年到2012年，在SPAN中注册的青少年人数增加，而项目支出却下降了。分流项目中的青少年人数2013年到2014年间略有上升，2015年有所下降，2016年又有所上升。项目支出也存在这样的趋势，2014年上升，2015年下降，随后在2016年再次下降。部门支出从2011年到2013年间有所增加，接着在2014年到2016年间逐年减少。该部门的全职员工人数从2011年到2015年每年都在减少，2016年略有增加。

至少在亚拉巴马州的DYS中，绩效指标似乎是该机构预算文化的重要组成部分。也就是说，数据产生并可见于整个预算过程中，而EBO发布的季度绩效报告保持了数据的透明度。尽管存在项目变更之类的障碍，但编制和报告数据的观念似乎根深蒂固。此外，深入挖掘季度绩效报告，可以进一步获得绩效预算的目标。专栏3.1介绍了DYS第四季度业绩报告的几点说明。所提出的问题要求机构在州长和立法预算以及政策决定中，在其开展工作和实现目标的能力之间，建立直接联系。在回应中，该机构将不确定性和资金损失问题称为"向错误方向迈出的一步"，作为可能影响该部门结果的因素。DYS要求提高预算灵活性以实现目标。另外，该部门认识到该州在"资金水平"上的一致性，这种一致性使DYS能够继续为其客户提供服务，该部门还解释了其所开展的创新和改革——在依旧紧张的财政环境中作出"持续改进"的承诺。

表3-3　　　　　　2011—2016年亚拉巴马州青少年服务部绩效报告

	2011	2012	2013	2014	2015	2016
SPAN支出	$4 683 140	$4 448 983	$3 965 732	$3 965 732	$3 965 732	$3 965 732
SPAN涵盖的青少年人数	438	486				
转移项目支出	$9 406 917	$9 197 682	$9 459 536	$10 137 000	$9 827 000	$9 482 080
转移项目服务的青少年人数			4 927	5 176	4 691	4 815
监禁青少年人数	1 741	1 502	1 484	1 464	1 396	1 284
部门总支出（包括以上）	$99 844 920	$101 602 441	$105 406 304	$101 005 900	$100 982 757	$99 168 080
部门全职员工人数	669	557	491.5	476	417.48	422

注：来自亚拉巴马州EBO网站的2011—2016年第四季度021号DYS季度绩效报告和DYS预算要求文件的年度数据：budget alabama.gov/qpr_state_agencies/和 budget.alabama.gov/executive_budget_document/.报告格式于2013财年变更；不再计算SPAN涵盖的青少年服务人数，而是计算转移项目的青少年服务人数。

专栏3.1　亚拉巴马州DYS的季度绩效报告——要点

1.在2012—2013财年或2013—2014财年，州长和立法机构制定的政策和预算如何影响您的机构实现预期的成就和服务？

相对稳定的资金水平，为青少年司法改革的顺利进行提供了保障。迫在眉睫的医疗补助改革和地区照管组织的建立，为未来DYS的青少年医疗补助服务带来了极大的不确定性。

2.贵机构在2012—2013财年或2013—2014财年取得了哪些进步，您预计未来几年会有哪些改进？包括能够帮助您的机构实现这些改进的立法或行政程序的变更。

州会计系统和自动考勤模块的改进，将对DYS大有裨益。

3.在2014—2015财年，州长和立法机构制定的政策和预算，如何影响您的机构实现预期的成就和服务？

相对稳定的资金水平，为青少年司法改革的顺利进行提供了保证。2016财年一般性基金的损失，迫使该机构削减了转移支付，这是错误的一步。

4.贵机构在2014—2015财年取得了哪些进步，您预计未来几年会有哪些改进？包括能够帮助您的机构实现这些改进的立法或行政程序的变更。

●能够直接雇用青少年服务助理是非常有用的，这将有助于雇用额外的工作人员并减少加班成本。如果贵机构被授权通过直接雇用程序聘请安保人员，将能够进一步减少加班时间。

●该部门建立了一个内部的汽车库，并且通过让员工驾车来大幅降低出行成本。

●我们建议，未来的拨款制度包含机构可以将一般基金或教育信托基金中未使用的资金进行结转的规定。

5.在2015—2016财年，州长和立法机构制定的政策和预算，如何影响您的机构实现预期的成就和服务？

较为稳定的资金水平，为青少年司法改革的顺利进行提供了保障。

6.贵机构在2015—2016财年取得了哪些进步？您预计未来几年会有哪些改进？包括能够帮助您的机构实现这些改进的立法或行政程序的变更。

●能够直接雇用青少年服务助理是非常有用的，这将有助于雇用额外的工作人员并减少加班成本。如果贵机构通过直接雇用程序聘请安保人员，将能够进一步减少加班时间。

●该部门建立了一个内部车库，并且通过让员工驾车来大幅降低出行成本。

●我们建议，未来的拨款制度包含机构可以将一般基金或教育信托基金中未使用的资金进行结转的规定。

7.在2016—2017财年，州长和立法机构制定的政策和预算，如何影响您的机构实现预期的成就和服务？

在没有额外资金的情况下，州长和立法机关继续为DYS提供资金，使该机构能够继续为其监护下的青少年提供教育及其他服务。

8.您的机构在2016—2017财年取得了哪些进步，预计未来几年会有哪些改进？包括能够帮助您的机构实现这些改进的立法或行政程序的变更。

● 在州人事部门的支持和帮助下，DYS能够重设一线照管人员的职位，为学生和非学生员工提供就业机会。

● 我们建议，未来的拨款制度包含机构可以将一般基金或教育信托基金中未用的资金进行结转的规定。

资料来源：亚拉巴马州2013财年至2017财年的州机构第四季度业绩报告，021号DYS的要点部分。可见链接：budget.alabama.gov/qpr_state_agencies/。

传统的基金结构和限制教育信托基金支出的预算，阻碍了亚拉巴马州使用预算绩效指标。州的DYS似乎包含了指标的制定、评估和报告（根据法律要求），绩效预算系统本身也为政府内部和外部人员获得绩效指标提供了支持。

3.3.4 夏威夷州：非常全面的绩效预算法和高度集中的青少年司法

夏威夷的绩效预算法在全面性方面得分为9分（见第2章表2-3和表2-4），并包括综合性、发生率和问责的相关内容。该法律为项目和预算规划及绩效评估提供了真实的路线图，并确定了各机构、预算和财政部（DBF）部长、州长和立法机构的角色。法律要求DBF负责人"协助各部门实现所有公共资金的最有效支出"（夏威夷修订法规第26-28章；第37-63章，第75章（1970，1998，2001））。该法律构建了一个系统：

● 不断审查和定期修订州项目以及财政目标和政策。

● 制订并考虑长期项目计划和财政计划，以实现州的目标和政策。

● 制定、分析和颁布涵盖州项目、成本和包含长期计划的预算。

● 评估现有目标、政策、计划和程序的替代方案，从而提高资源利用的效率性和有效性。

● 定期评价和报告项目绩效。

　　法律（夏威夷修订法规第37-63章，第75章（1970，1998，2001））规定"计划、规划、预算、评估审批和报告应依据项目或项目群进行"，并且项目框架"能够让州长和立法机构在各个层面上作出有意义的决定"。同时，法律规定，数据要具体到"州项目框架的最小层级"，并提供成本、项目规模的指标和效用指标（effectiveness measures）。其中，效用指标必须包含"上一个财年的实际效用水平，当前财年的预估效用水平，以及未来6个财年中每一年的预估水平"（夏威夷修订法规第37-63章，第75章（1970，1998，2001））。该州实行两年期的预算制度。每个奇数年，州长向议会提交项目和财政计划，且该计划每年都会更新。

　　整体来看，夏威夷的青少年司法是高度集中的（JJGPS，Hawaii，2018）。7个州的青少年司法目标是"正当程序时代"导向的，夏威夷便是其中之一。夏威夷的青少年服务办公室（OYS）在行政层面上与州人事服务局（DHS）是相联系的。2016年的法律规定，OYS负责"在一个伞形机构下，为有犯罪风险的青少年提供服务和项目，以通过提供预防、康复和培训服务，防止犯罪和减少青少年的再犯罪率"（夏威夷修订法规，§352D-4（2016））。OYS会提供预防性项目，例如社区内针对有犯罪风险的青少年的计划。同时，OYS还负责夏威夷的青少年惩戒设施项目（Hawaii's Youth Correctional Facility，HYCF）——一个拥有56个床位的项目，为法院判决的青少年提供照管服务。

　　夏威夷的信用评级为AA +级，比其2015年的AA级评级有所上升。该州的整体财政状况排名中等（第27位）。夏威夷最好的财政状况指标是现金偿付能力（第16位，超过全国平均水平），其他财政状况指标均低于全国平均水平（Norcross and Gonzalez，2017）。该州的预算偿付能力（第34位）稍低于全国平均水平，但其信托基金偿付能力、长期偿付能力（均排名第42位）和服务偿付能力（第44位）远低于全国平均水平（Norcross and Gonzalez，2017）。在过去的几年中，夏威夷的预算在偿还债务方面受到了限制，例如偿还与国家养老金相关的债务。也就是说，随着财年中资金的日渐增加，一部分拨给各部门的资金已经被扣除了。

　　在过去的6年中，夏威夷州的一般财政收入实际增长率为20.5%（从2011

年的47亿美元增加到2016年的56亿美元）。夏威夷的重要和独特之处在于，其财政运行依赖于游客。该州约80%的收入来自于对财产和旅游征收的税金。具体来看，2016财年的销售税和消费税占全部税收收入的44.2%，所得税占29.2%，短期住宿税占6.2%（State of Hawaii DBF，2018，p.11）。这意味着该州特别容易受到可能影响旅游业之任何因素的冲击，例如火山爆发或海啸，这些因素自然也会对该州的政府部门产生影响。

从2011年到2016年，OYS的总收入稳定在州总收入的0.3%。该办公室的总收入实际增长了12.8%，从2011年的1 560万美元增加至2016年的1 760万美元。用于OYS社区项目的支出约占该办公室年度预算的一半。剩余预算中的部分大多用于支持青少年惩戒设施项目——该基金致力于为该州的青少年提供设施维护和运营、治疗和教育服务。

根据法律要求，该州在项目层面会制定绩效指标，这些指标包括效用、目标群体和项目活动（NASBO，2015，p.133）。预算和财政部与行政机构共同推动绩效指标的制定、评估和报告。此外，法律还要求在预算和项目规划文件中报告绩效指标。OYS和其他执行机构使用差异报告，以报告和解释它们在组织中的绩效（NASBO，2015）。

夏威夷的预算和财政部网站包含了各部门的差异报告。这些报告提供了过去和当前财年的职位和支出成本的数据，还提供了不同时期的效用、目标群体和活动数据的指标。图3－1是OYS社区项目的最新差异报告。值得注意的是，该报告显示，在上一财年，青少年惩戒设施项目的收容率有所提高，但当前财年的收容率预估会下降5%。表格之后的报告对这一差异进行了解释，认为"这是由于与2016财年（41%）相比，2017财年（43%）的收容率呈现小幅度增长"（State of Hawaii DBF，2017，2018，pp.377-378）。有趣的是，在去年同一项目的差异报告中，青少年惩戒设施项目收容率的下降幅度比预估的要大（预估下降5%，实际下降了14%）。这一下降趋势被归因于"有效的青少年司法改革，"尽管这一改革尚未开始（State of Hawaii DBF，2016，2017，p.380）。重点是，使用差异报告可以很容易地追踪绩效。但是，如何将这些数据和进展（或倒退）与预算联系起来，目前尚不明确。

差异报告

报告 V51
2017/09/12

夏威夷州
项目名称：社区青少年项目
项目编号：HMS-501
项目结构编号：06010501

第一部分：支出和职位

研究和开发成本

运营成本

	2016—2017财年				2017年9月30日（2017财年结束前的3个月）				2018年6月30日（2017财年结束后的6个月）			
	预算	实际	±变化	百分比(%)	预算	实际	±变化	百分比(%)	预算	预估	±变化	百分比(%)
职位	14.00	12.00	-2.00	14	14.00	11.00	-3.00	21	14.00	14.00	+0.00	0
支出（每千美元）	12 387	10 151	-2 236	18	4 335	1 125	-3 210	74	7 313	9 733	+2 420	33
总花费												
职位	14.00	12.00	-2.00	14	14.00	11.00	-3.00	21	14.00	14.00	+0.00	0
支出（每千美元）	12 387	10 151	-2 236	18	4 335	1 125	-3 210	74	7 313	9 733	+2 420	33

	2016—2017财年				2017—2018财年			
	计划	实际	±变化	百分比(%)	计划	预估	±变化	百分比(%)
第二部分：效用指标								
1.# 成立区域主任顾问委员会	0	无数据	-0	0	0	无数据	-0	0
2.% HYCF 新增人数下降	5	-4	-9	180	5	5	+0	0
3.% 少数不成比例的联系（DMC）	5	无数据	-5	100	5	无数据	-5	100
4.% 增加辅导/家庭力量的服务提供	10	3	-7	70	10	3	-7	70
第三部分：项目目标群体								
1.# 10-19岁的青少年	7 400	7 400	+0	0	7 400	7 400	+0	0
2.# OYS青少年服务机构合同	81	77	-4	5	80	78	-2	3
第四部分：计划活动								
1.# 由OYS发起的合作	3	3	+0	0	3	3	+0	0
2. 服务提供者会议召集	16	16	+0	0	16	16	+0	0
3.# 提供者培训和技术援助活动	6	6	+0	0	6	6	+0	0

图 3-1　夏威夷青少年服务办公室社区青少年项目，2017—2018财年差异报告

注：①HYCF：夏威夷州青少年惩戒设施项目。
　　②OYS：青少年服务办公室。

追踪OYS绩效的另一条途径是审查年度立法报告。这些报告可通过国土安全部网站或解读OYS报告而获得（State of Hawaii Office of Youth Services，2017）。这些报告不是数据密集型的，但它们确实对青少年司法工作的综合性特征进行了概述——与数据机构、智库和联邦政府授权者之间合作，并提供满足要求的相关服务。这些报告提供了OYS项目的概述，关于服务和项目合作的解释，以及OYS与政府授权者间的合作状态。OYS发布的最新立法报告，以2018年的16个关注点清单作为结束；报告的最后指出："通过探索公共与私人资源的伙伴关系，来维持和增强社区的服务能力"（State of Hawaii OYS，2017，p.12）。这表明该机构需要不断拓展收入来源，以开展青少年司法工作。

与亚拉巴马州的青少年司法机构相类似，夏威夷州的青少年司法机构提供了绩效数据——尽管其在评估的细致性方面落后于亚拉巴马州，但指标的可获得性表现很好。我们对多年差异报告的研究表明，在一年内，指标有可能大幅上升或下降，因此，"绩效"会有一些相当戏剧性的反转。预算变化似乎与这些波动并不一致。与同样实施集中化青少年司法服务的特拉华州不同，夏威夷州似乎并未从中获益。在夏威夷，预算约束严重依赖旅游业，意味着政府部门极易受到这些因素的影响。

3.4 结论

通过对各州的绩效预算和青少年司法进行研究，我们可以很清楚地意识到，每个政府组织和提供的服务都是不同的。此外，各州绩效预算法的稳健性也各不相同。稳健的法律包含测量要求和报告要求，即使没有明确且完全的评估，也能保持良好的绩效，譬如夏威夷州。夏威夷州集中的青少年司法服务似乎并不像特拉华州那样有力。这也许是因为夏威夷州的财政严重依赖旅游，尽管各机构项目的绩效有所上升，但这些资源的波动使政府机构受制于贸易。在亚拉巴马州，适当且全面的法律似乎为考虑、报告和解释数据构建了一个相当强大的系统，即STAARS。这个州的青少年司法似乎受到教育信托基金结构的限制。特拉华州的法律虽然薄弱，但该州良好的财政状况、高度集中的青少年司法管理，以及相对较小的财政和经济规模，似乎能够迅速转向支持推进青少年司法的项目。

加利福尼亚的青少年司法服务系统非常笨拙，原因在于其法律基础较为薄弱，而财政和经济规模庞大，且该系统大多由地方进行管理。该州青少年司法运营的改革现已实现一个完全的闭环——现任州长建议重新安置这些青少年，从而提高项目的效率。从表面上看，这似乎与所有目前呼吁从监禁到自然照管的研究背道而驰。但是，州长建议延长青少年的监护时间，从而避免由于年龄和法院命令等因素，青少年进入成人监护范围而增加再犯罪的可能性。最后，该州的数据在提供和分享关于哪种活动最具价值的信息方面仍面临着挑战。加利福尼亚的例子展示了如今美国青少年司法服务的复杂性。

注释

1.美国司法部青少年司法和犯罪预防办公室（OJJDP）提供有关各州青少年司法组织和结构的统计数据。该办公室指出，各州要明确其青少年司法系统的目的，以清晰界定这些可能被泛泛理解的法律。目的条款解释了各州对已被法院判决的青少年监护方面的考量。OJJDP 提供了各州的目的条款，并列出其目的导向，因为这些内容在多年来已经因法律、判例、研究和改革趋势的变化而发生了变化。我们所提供的在每种情况下每个州的目的条款，是由下述办公室定义的（OJJDP Statistical Briefing Book，2018）。截至 2016 年，亚利桑那州和北达科他州是仅有的两个没有目的条款的州（OJJDP Statistical Briefing Book，2018）。

国家监护人（parens patriae）：拉丁语为"国家之父"，反映了青少年法庭法官的早期角色，接受州的任命和责任，作为儿童的保护者。

正当程序时代（due process era）：回溯到 20 世纪 60 年代和 70 年代，当时联邦法律、判例法案和最高法院案件对正当程序步骤的增加产生了影响。

平衡和恢复性司法（BARJ）：改革青少年惩教制度，从严格惩戒到均衡的框架，鼓励：（1）通过监督，培养青少年从事补偿性工作和社区服务，以此来保护社区；（2）青少年通过赔偿，对造成的损害负责；（3）通过参加教育和技能培训，培养青少年的能力，以学习如何更有效地与他人沟通（Bazemore and Umbreit，1997）。

预算编制方式：可能包括上述目的条款的相关内容，以及对青少年发展的研究、循证实践的认可，推进项目预算编制。

2.本书中提及的所有2017年标准普尔信用评级均来自Ballotpedia：各州的信用评级。各州的评级提供从2004年到2017年7月的数据。这些数据可以通过访问网站https：//ballotpedia.org/State credit ratings获取。

参考文献

Alabama Department of Finance, Executive Budget Office. (2018a). STAARS. Accessed on April 30,2018 at: http://budget.alabama.gov/instructions-and-forms/.

——. (2018b). State General Fund Description. Accessed on April 30,2018 at: http://budget.alabama.gov/state_general_fund_description/.

Alabama State Code. (2018). General Provisions, Article 44-1-1. 2009. Accessed on April 17,2018 at: http://alisondb.legislature.state.al.us/alison/CodeOfAlabama/1975/Coatoc.htm.

Bazemore, G., and Umbreit, M. (1997). Balanced and restorative justice for juveniles: A framework for juvenile justice in the 21st century. August. Sponsored by the Office of Juvenile Justice and Delinquency Prevention. Accessed on April 30, 2018 at: www.ncjrs.gov/pdffiles/framwork.pdf.

Caiden, N., and Chapman, J. I. (1982). Constraint and uncertainty: Budgeting in California. *Public Budgeting & Finance*, 2(4),111-129.

California Juvenile Justice Working Group. (2016). Rebuilding California's juvenile justice system: Recommendations to improve data collection, performance measures, and outcomes for California youth. Report to the legislature. January. Accessed on April 30, 2018 at: www.bscc.ca.gov/downloads/JJDWG%20Report%20FINAL%201-11-16.pdf.

Community Resources for Government. (2017). Implementing comprehensive juvenile justice improvement in Kentucky. Boston, MA: Crime and Justice Institute. Accessed on April 30,2018 at: www.crj.org/assets/2017/10/KY-Brief-v9-10-25-17_FINAL.pdf.

Delaware Division of Youth Rehabilitative Services (DYRS). 2018. Blueprint for success. Accessed on April 30,2018 at: https://kids.delaware.gov/pdfs/yrs-blueprint-for-success.pdf.

Farrell v. Harper. (n.d.). Accessed on April 18,2018 at: www.aclu.org/legal-document/farrell-v-harper.

Fazal, S. (2014). Safely home: Reducing youth incarceration and achieving positive youth outcomes for high and complex need youth through effective community-based programs. Youth Advocate Programs Policy & Advocacy Center. Accessed on April 30, 2018 at: www.yapinc.org/Portals/0/Documents/Safely%20Home%20Preview/safely-home.pdf.

Goldstein, B. (2017). Failed juvenile justice system costs California more than dollars. *Juvenile Justice Information Exchange*, July 5. Accessed on January 25,2018 at: http://jjie.org/2017/07/05/failed-juvenile-justice-system-costs-california-more-than-dollars/.

Greenwood, P. W., and Welsh, B. C. (2012). Promoting evidence-based practice in delinquency prevention at the state level: Principles, progress and policy directions. *Criminology & Public Policy*, 11(3),493-514.

Henggeler, S. W., and Schoenwald, S. K. (2011). Evidence-based interventions for juvenile offenders and juvenile justice policies that support them. Social Policy Report, 25(1),3-22.

Howard, C. J., Lamond, V., Painter, A., and Thomas, O. (2012). Performance based budgeting: Lessons for California. April 27. Goldman School of Public Policy, University of California, Berkeley. Accessed on April 30, 2018 at: http://pmc.cdt.ca.gov/pdf/Performance-Based-Budgeting-Report-Berkeley.pdf.

Justice Policy Institute. (2009). The costs of confinement: Why good juvenile justice policies make good fiscal sense (May). Accessed on September 1, 2016 at: www.justicepolicy.org/images/upload/09_05_rep_costsofconfinement_jj_ps.pdf.

Juvenile Justice Geography, Policy, Practice and Statistics (JJGPS). 2018. Accessed on April 30, 2018 at: www.jjgps.org/juvenile-justice-services.

——. Alabama. 2018. Accessed on April 30, 2018 at: www.jjgps.org/juvenilejustice-services/alabama.

——. California. 2018. Accessed on April 30, 2018 at: www.jjgps.org/juvenilejustice-services/california.

——. Delaware. 2018. Accessed on April 30, 2018 at: www.jjgps.org/juvenilejustice-services/delaware.

——. Hawaii. 2018. Accessed on April 30, 2018 at: www.jjgps.org/juvenile-justiceservices/hawaii.

Krisberg, B., Vuong, L., Hartney, C., and Marchionna, S. (2010). A new era in California juvenile justice: Downsizing the state youth corrections system. October. [Scholarly project]. In *Berkeley Law*. Accessed on April 18, 2018 at: www.law.berkeley.edu/files/bccj/New_Era.pdf.

Loudenback, J. (2018). Report: Plan to expand California youth prisons needs tinkering. *The Chronicle of Social Change*. March 1. Accessed on April 30, 2018 at: https://chronicleofsocialchange.org/stateline/report-plan-to-expand-california-youth-prisons-needs-tinkering.

Matsusaka, J. G. (2005). Direct democracy and fiscal gridlock: Have voter initiatives paralyzed the California budget? *State Politics & Policy Quarterly*, 5(3), 248–264.

Musso, J., Graddy, E., and Grizard, J. (2006). State budgetary processes and reforms: The California story. *Public Budgeting & Finance*, 26(4), 1–21.

National Association of State Budget Officer (NASBO). (2017). *The fiscal survey of the states*. Fall. Washington, D.C.

——. (2015). *Budget processes in the states*. Washington, D.C.

National Center for Juvenile Justice. (2006.) State juvenile justice profiles. Pittsburgh, PA: NCJJ. Accessed on April 30, 2018 at: www.ncjj.org/pdf/1State_Juvenile_Justice_Profiles_2005.pdf.

Norcross, E., and Gonzalez, O. (2017). Ranking the states by fiscal condition. July. Mercatus Research, Mercatus Center at George Mason University, Arlington, Virginia. Accessed on April 30, 2018 at: www.mercatus.org/statefiscalrankings.

Office of Juvenile Justice and Delinquency Prevention (OJJDP). (2017). Estimated number of juvenile arrests, Statistical Briefing Book. *Released* December 6, 2017. Accessed on February 2, 2018 at: www.ojjdp.gov/ojstatbb/crime/qa05101.asp? qaDate=2016.

——. (2016). Data snapshot: Data reflect changing nature of facility populations, characteristics, and practices. (August). Accessed on September 1, 2016 at: www.ojjdp.gov/ojstatbb/snapshots/DataSnapshot_JRFC2014.pdf.

OJJDP Statistical Briefing Book. (2018). Accessed on April 30, 2018 at: www.ojjdp.gov/ojstatbb/structure_process/qa04205.asp? qaDate=2016. Released on March 27, 2018.

Read, Z. (2017). Delaware juvenile justice reforms signed into law. *NPR Weekend WHYY*. October. Accessed on April 30, 2018 at: https://whyy.org/articles/delawarejuvenile-justice-reforms-signed-law/.

Sickmund, M., and Puzzanchera, C, eds. (2014). *Juvenile offenders and victims: 2014 national report*. Pittsburgh, PA: National Center for Juvenile Justice.

Sickmund, M., Sladky, T. J., Kang, W., and Puzzanchera, C. (2015). *Easy access to the census of juveniles in residential placement*. Accessed on September 14, 2016 at: www.ojjdp.gov/ojstatbb/ezacjrp/.

Simmonds, Mikhael. 2018. The cost of juvenile justice. *Juvenile Justice Journeys*. Accessed on April 30, 2018 at: www.juvenilejusticejourneys.com/the-cost-ofjuvenile-justice/.

Sneed, T. (2014). What youth incarceration costs taxpayers. *U.S. News and World Report*, December 14. Accessed on December 30, 2017 at: www.usnews.com/news/blogs/data-mine/2014/12/09/what-youth-incarceration-costs-taxpayers.

State of Alabama Accounting and Resource System (STAARS). (2018). Quarterly performance reporting. Accessed on April 30, 2018 at: http://budget.alabama.gov/wp-content/uploads/sites/9/2017/08/FY2018STAARSQPRInstructionsFINAL.pdf.

State of Alabama, State Finance Director. 2018. Alabama Legislative Joint Hearing: Condition of the State General Fund and Education Trust Fund (FY2019). Accessed on April 30, 2018 at: www.finance.alabama.gov/2018_LegislaturePresentation/LegislativePresentation-ClintonCarter-2018.01.09.pdf.

State of Delaware, Department of Services for Children, Youth and Their Families. 2017. Delaware Youth Rehabilitative Services honored with two national awards. December 14. Accessed on April 30, 2018 at: https://kids.delaware.gov/news/pr/2017.12.14-Barbara-Allen-Hagen-award-release.pdf.

State of Delaware, Office of the Governor. 2017. Financial overview. January 12. Accessed on April 15, 2018 at: https://budget.delaware.gov/budget/fy2018/documents/budget-presentation.pdf.

State of Delaware, Statistical Analysis Center. (2018). SAC publications. Accessed on April 30, 2018 at: https://sac.delaware.gov/sac-publications/.

State of Hawaii Department of Budget and Finance. (2018). Executive biennium budget, fiscal budget 2017-2019. Accessed on January 15, 2018 at: https://budget.hawaii.gov/wp-content/uploads/2016/12/03.-Statewide-Overview-and-General-Information-FB17-19-PFP.pdf.

——. (2017 and 2018). Variance reports. Accessed on April 30, 2018 at: http://budget.hawaii.gov/budget/variance-report-fiscal-year-2017-and-2018/.

——. (2016 and 2017). Variance reports. Accessed on April 30, 2018 at: http://budget.hawaii.gov/budget/variance-report-fiscal-year-2016-and-2017/.

State of Hawaii Office of Youth Services. (2017). Report to the 29th Hawaii state legislature

2018. Accessed on April 30,2018 at:https://humanservices.hawaii.gov/wp-content/up-loads/2017/12/OYS-2017-Leg-Annual-Report-.pdf.

State of Utah,Division of Juvenile Services. (2018). Division website. Accessed on April 30, 2018 at:https://jjs.utah.gov/.

Taylor,M. (2018). The 2018-2019 budget:Governor's criminal justice proposals. February 27. California Legislative Analyst's Office. Accessed on April 15,2018 at:http://lao.ca. gov/Publications/Report/3762.

U.S. Department of Commerce. (2018). Bureau of Economic Advisors:Regional economic accounts,gross domestic product by state. Accessed on April 30,2018 at:https://bea. gov/regional/index.htm.

Washburn,M. (2017). California's Division of Juvenile Justice reports high recidivism de-spite surging costs. April 18. Center on Juvenile and Criminal Justice. Accessed on April 18,2018 at:www.cjcj.org/news/11350.

第4章 预算编制阶段的绩效预算

引言

本章阐释了政府如何在公共预算制度和预算编制的开始阶段就实行绩效预算。我们分析了出现在预算文件中的绩效信息是如何创建的,以及预算决策者在预算编制阶段如何对它进行解释。我们清晰阐释了这些州对绩效预算的兴趣是否促使绩效信息在预算编制中的应用,以及如何实现这种应用,特别是在青少年司法职能领域。本章介绍了在具体实施绩效预算的过程中,对州青少年司法管理者的在线调查和实行绩效预算法的选定州(管理者)的访谈结论。本章的最后是一份测评,它涉及考察预算编制中绩效数据实际应用的经验。

4.1 预算编制阶段,绩效数据使用的研究进展

行政预算准备阶段常被认为具有高度的预算测量之可视性、可讨论性和应用性(Lu,2007;National Association of State Budget Officers,or NASBO,2015),它会影响预算申请(Hou et al.,2011),也可以报告预算实施绩效(NASBO,2015),并(方便)与利益相关者沟通绩效(Moynihan,2008)。在

这个预算阶段中，绩效使用之演变的一个好的例子就是，Lee和他的合作者从1975年到2000年每5年所开展的对于州预算官员的系列调查（Burns and Lee，2004；Lee and Staffeldt，1977；Lee，1997；Lee and Burns，2000）。（这个阶段的）总体发展趋势是，在机构预算申请中，包含着或附加了基本的绩效信息。

在预算编制和申请阶段，为了理解预算信息所使用的重要因素，我们首先考察关键利益相关者共同承诺的作用。共同承诺的概念，源自对组织文化和系统整合在绩效预算实践中重要性的理解（Joyce，1993；Pitsvada and LoStracco，2002；Willoughby and Melkers，2001，2000）。研究指出，关键利益相关者参与绩效预算系统的作用和可持续性是显而易见的。例如，除了行政预算办公室这一传统的重要角色，还有代理机构（Lu，2007）、领导者（Behn，2002）、立法者（Bourdeaux，2008）和公民（Ho and Coates，2002）。

如前所述，在一些州，共同承诺（已然）被写入绩效预算法。例如，行政和立法部门或各类行政机构的利益相关者和决策者，担负着与绩效预算立法相关的众多任务。我们最近对法律的研究表明，有25个州在法律中明确规定至少有2个机构负责以下一项或多项任务：

- 制订全州战略计划
- 编制绩效指标
- 开展对机构绩效指标的技术监管
- 评估绩效指标并报告

这25个州中，不包括其他8个特别要求一个机构承担两项任务的州，这些州可能是不同的任务对应不同的机构。在全部明确规定机构应为以上任务负责的33个州里，有8个州同时也规定了公民的职责，从而进一步将共同承诺付诸实践。艾奥瓦州的绩效预算法包括了一个拓展共同承诺的例子。该法律明确规定多个机构对不同任务负责——两个机构负责该州的战略计划，两个机构负责编制绩效指标，一个机构负责机构指标的技术监管，三个机构负责评估绩效指标并提交报告。艾奥瓦州的法律也规定了公民在该州绩效预算系统中的职责。我们的研究证实，共同承诺的系统实施，与更好地利用绩效信息并用于预算决策，是具有相关性的（Lu，Willoughby and Arnett，2009）。

尽管如此，（依据）绩效测量（结果）的细微差别，进行预算编制（的情况）表明，很难将绩效预算法制化及连续实施，与其导致的预算变更截然分开。绩效预算的实施取决于负责和参与的利益相关者、预算程序的所处阶段和产生的信息。从行政机构的视角来看，最有权力要求将绩效信息应用到预算申请阶段的利益相关者就是州长和立法机关。立法机关经常被视为这个过程中一个不同的参与者——因为在系统范围内申请要获得成功，立法者和立法预算办公室必须成为集体参与的一部分（Lu，2011）。各个机构非常了解在决定拨款时立法者看重什么——机构在做预算决策时，从立法承诺中获得线索（绩效信息），以在预算申请中使用相应的绩效数据。与州长们和行政预算办公室的那些审查要求相比，这种关系被夸大了；州长的议程（而非各类立法者议程）是满足各机构要求的焦点。最终，如果任何这些掌握决策的利益相关者对绩效不感兴趣，机构在处理他们的申请时，也许会自然且显著地低估绩效和指标的作用（Government Accountability Office，2017；National Academy of Public Administration，2018；NASBO，2014）。

毫无疑问，预算格式和流程的结构会极大地影响预算和绩效数据的呈现方式。在制定预算要求时，预算传统和实践（的经验）分别对应着限制机构的法律和授权令（Di Francesco and Alford，2016；Pettijohn and Grizzle，1997；Rubin，2016；Thurmaier and Willoughby，2001）。尽管如此，在公共预算编制过程中，最重要的绩效信息披露，已然放在了预算编制阶段（Melkers and Willoughby，2005；Willoughby，2004）。

通常来说，州长通过行政预算办公室将预算申请的原则呈现给机构。这些原则规定了所需的信息、数据和指标，机构必须将其纳入下一个财年的"预算请求"。通常要求机构提供多年度的预算数据，关注运营基础预算（operating base budget）（无论如何定义），并单独核算资本需求。其他信息可能包括对项目和活动的陈述、持续性和（或）改善预算、战略计划、项目目标和绩效测量。州长也许会将机构绩效数据纳入其提交给立法机关的正式州预算提案中，机构可能仅须提供包含在预算要求中的绩效数据（这并不包括在交给立法机关的提案中），机构也可能必须提供一份与绩效要求分开的绩效报告。接下来，我们将深入了解这些州的青少年司法机构目前是如何提供和使用绩效数据的，并将之用于预算编制。

4.2 在线调查结果证实了以往的研究结论

4.2.1 针对预算编制的绩效指标之使用

表4-1包括了对州青少年司法官员在线调查的结果，揭示了预算编制中绩效数据被频繁且相当广泛地使用。所有事项的平均分为3.6（5分制）——青少年司法机构注明了间或（和经常）使用的绩效指标。在多数情况下，这些机构使用指标来实现合规性，但指标也可能被用于预算合法性目的和支持机构战略计划。这与流程所处的阶段相一致，（也就是）将有关该机构计划发展方向的信息汇总在一起，并估计它如何才能实现。在列出的事项中，只有两个是偶尔使用的——用于确定交叉服务，以及对内部提供的服务与合同外包的服务进行比较。尽管如此，似乎绩效指标还是应用在了上述所有任务中；没有证据表明指标从未被使用过。

表4-1　　　州青少年司法管理者在预算申请阶段对绩效数据的使用情况

检查贵机构的绩效指标在多大程度上用于以下目的	观测值	平均值*	标准差
遵守绩效报告要求	21	4.38	0.74
论证增加拨款的合理性	21	4.24	0.83
支持机构战略计划	20	4.15	0.88
论证持续投入的合理性	21	4.05	0.97
确定什么是有效的	20	3.95	0.76
确定服务存在的差距	20	3.70	0.80
论证在机构下属单位之间战略性分配资金的合理性	20	3.35	1.14
报告跨机构目标的进展（如果项目涉及多机构协作）	20	3.00	1.38
确定机构内的交叉服务	20	2.75	1.16
比较内部提供的服务与合同外包的服务	20	2.75	1.33
预算编制的总平均值：3.63			

*等级：1=从不；2=偶尔；3=有时；4=经常；5=总是。

4.2.2 共同承诺和绩效测量的使用

为了更好地理解影响预算申请阶段中使用绩效信息的重要因素，我们接下来核查（绩效）测量的使用与关键利益相关者的共同承诺之间的联系。在线调查中，针对各利益相关者使用其州绩效评估系统的承诺，我们要求青少年司法官员表明他们赞成或反对的程度，表4-2提供了这些官员在预算编制中使用绩效指标与其他预算利益相关者承诺采取绩效指标之间的关系。

计量结果进一步证实了前面讨论过的相关关系。例如，我们发现，大多数利益相关者结合与合规性和规划相关的测量使用，确定机构内部的服务差距，并权衡论证拨款的多少。毫不奇怪的是，机构和项目人员的承诺在大多数用途上得到认可；其次是立法预算办公室和议会的承诺。最强相关性（大于0.50，并在5%和1%的水平下显著）表明，立法预算办公室人员、审计人员的承诺和绩效测量方式的使用是为了合规；立法者、立法预算办公室和审计人员（的设置）是为了战略计划；机构和项目人员（的设置）是为了比较内部提供的服务与合同外包的服务。立法预算办公室和审计人员考虑合规性，并关注行政问责，以符合支出的法律要求。同时我们发现，青少年司法项目的受众（青少年和家庭）与绩效数据使用成正相关关系，由此可以确定在此预算阶段的服务差异。大多数州青少年司法项目的受众，经常接受关于服务的调查——其中有些涉及对绩效和结果的了解，部分作为拨款的一项要求，有助于数据收集和向资助人提供合规报告。

我们的在线调查结果证实了各利益相关者——州长、行政预算办公室、机构领导和管理者、立法者和立法预算办公室、项目受众和审计人员——在预算阶段，集体参与了指标的运用。有趣的是，立法机关和立法预算办公室职员是唯一的利益相关者，他们使用绩效测量的承诺与机构运用这些绩效测量来论证拨款决策合理性之间，是显著相关的。这凸显了一个事实：各机构在制定预算要求时，除了关注州长议程之外，并在预算过程的早期阶段，就意识到什么对立法者来说是重要的。

表 4-2　在预算申请阶段共同承诺与绩效信息使用的相关性

测量使用的均值	遵守绩效报告要求	论证增加拨款的合理性	支持机构战略计划	论证继续拨款的正当性	确定服务存在的差距	论证在机构下属单位之间分配资金的合理性	报告跨机构目标的进展（如果项目涉及多机构协作）	确定机构内的交叉服务	比较内部提供的服务与合同外包的服务
测量使用的均值	4.38	4.24	4.15	4.05	3.70	3.35	3.00	2.75	2.75
1. 机构领导者	0.44**								
2. 机构管理人员	0.47**		0.40*						
3. 机构项目人员	0.45**		0.41*	0.47**		0.42*		0.46**	0.56***
4. 州长	0.44**		0.46**						
5. 中央行政预算办公室			0.47**						
6. 议会	0.46**	0.43*	0.53**		0.47**		0.41*		
7. 立法预算办公室	0.55***	0.39*	0.62***	0.40*	0.47**	0.40*			
8. 审计人员/审计办公室	0.52**		0.52**		0.47**	0.42*		0.46**	
9. 接受服务的青少年和家庭					0.47**				

注：***、**、*分别代表在1%、5%、10%的水平下显著。关于绩效测量，确定什么是有效的，与任何利益相关者的承诺无关，与任何绩效测量的使用无关。一般公众和支持者与任何绩效测量的使用无关，也没有报告。

4.2.3 测量的发展和质量，以及绩效指标的使用

接下来，我们向青少年司法官员提出了这样的问题，即他们对其所在州绩效测量发展和质量的相关陈述，赞同程度到底有多大。表 4-3 展示了这些官员对绩效测量特征和测量质量的赞同程度，与他们对于预算编制阶段使用绩效指标的看法之间，到底有多大的相关性。所有关于测量开发和质量的事项，都与官员出于预算编制报告合规的目的而使用（绩效）测量显著相关。

表 4-3　　　在预算申请阶段测量质量与绩效信息使用的相关性

	遵守绩效报告要求	支持机构战略计划	论证继续拨款的正当性	确定什么是有效的	确定服务存在的差距	论证在机构下属单位之间战略性分配资金的合理性	比较内部提供的服务与合同外包服务
测量使用的均值	4.38	4.15	4.05	3.95	3.70	2.75	2.75
1.我们的绩效指标与社会福祉相关	0.71***	0.66***	0.38*	0.66***			
2.我们定期核查绩效指标的准确性	0.55**	0.46**					
3.我们有足够的资源来开发绩效指标	0.54***						
4.我们很容易收集数据	0.47**	0.58**		0.47**	0.42*		
5.我们使用多重指标，来评估不同的项目结果	0.46**						
6.我们关于绩效测量的观点，得到了他人认可	0.58**	0.57**		0.48**		0.43*	0.42*
7.机构有清楚、可测量的目标	0.48**						
8.机构在过去两年已经使用过绩效指标	0.68***	0.50**		0.48**			
9.总的来说，我们相信绩效测量系统中生成的数据	0.57***						
10.将绩效指标与机构的项目结果相关联是容易的	0.62***			0.40*			

注：***、**、*分别代表在 1%、5%、10% 的水平下显著。绩效测量用于论证增加资金的合理性、证明在机构下属单位之间以战略性权衡取舍来分配资金的合理性、报告跨机构目标的进展（如果项目涉及多机构协作且与任何测量质量特征无关，则不报告）。

数值次高的特征，与使用（绩效）测量来支持机构战略计划和确定什么是有效的之间，呈现出相关性。具有最强相关性的是社会福祉、持续使用（过去两年）与项目产出的关联。一个有些令人惊讶的发现是，从机构视角来看，测

量特征似乎与绩效信息在预算上的使用并不相关。也就是说，测量开发和质量特征只与绩效信息的战略规划和管理使用相关。尽管如此，结果表明，在预算编制阶段，绩效测量的更多使用与以下因素有关：绩效数据收集的便利性，绩效数据收集的难易程度，以及官员对绩效测量重要性的看法。

4.2.4 运营整合和绩效测量的使用

我们的另一部分在线调查询问了青少年司法官员对自身机构运营和组织层面的陈述之赞同程度。表4-4展示了这些官员对运营整合的赞同程度与在预算编制阶段使用绩效指标之间的相关性。结果与上述（结论）一致，其原因在于，运营和组织特征与官员出于遵从性和战略性计划之目的而使用绩效信息之间，在很大程度上是相关的。在遵守绩效报告要求的相关性中，关系最强的是，有助于完成机构使命的绩效产出评估，调剂资金的预算灵活性，以及利用绩效数据去监控机构战略计划的实施。正如预期的那般，使用数据来监控战略计划的进展，与官员使用支持机构战略计划的绩效指标之间，是高度相关的。运转一个紧张的预算，与确定服务存在的差距的指标使用、论证在机构下属单位之间战略性分配资金的合理性、论证继续拨款的正当性之间，是高度相关的。与至少三种绩效指标相关的其他运营和组织特征包括：使用绩效数据来确定和识别计划是否成功、灵活地调剂资金、制定人事决策。

4.3 州青少年司法官员实时解释绩效预算

我们采访了14个州的青少年司法官员，以了解他们用于预算编制的绩效指标之使用情况（参见附录A中我们的研究方法）。在本部分，我们回顾了来自样本州受访者的回应，并特别考虑了来自俄亥俄州的受访者，然后将他们的情况与得克萨斯州、佛罗里达州进行比较（这两个州表明，绩效数据在预算程序的早期就被大量使用）。

4.3.1 俄亥俄州的案例

我们来自俄亥俄州的在线调查表明，该州在预算编制阶段使用绩效信息的平均得分是4.4分（满分为5.0分），远远高于样本均值3.6分。这些发现表明，俄亥俄州的青少年司法工作，通常在预算过程开始之时就采用了绩效指标。我

表4-4　运营整合与预算申请阶段绩效信息使用的相关性

测量使用的均值	遵守绩效报告要求 4.38	论证增加拨款的合理性 4.24	支持机构战略计划 4.15	论证继续拨款的正当性 4.05	确定什么是有效的 3.95	确定服务存在的差距 3.70	论证在机构下属单位之间战略性分配资金的合理性 3.35	确定机构内的交叉服务 2.75	比较内部提供的服务与合同外包的服务 2.75
1. 我们定期召开关于绩效进展的会议	0.40*		0.39*						
2. 我们定期收到关于项目绩效的反馈	0.40*		0.52*						
3. 我们使用绩效数据监督战略计划的实施	0.54***		0.58***						
4. 我们定期使用绩效指标来调整我们的战略计划			0.41*						
5. 我们是一个数据驱动的机构	0.44**								
6. 评估绩效产出有助于我们作出更好的决策			0.39*						
7. 评估绩效结果有助于我们更好地履行使命	0.60***		0.45**						
8. 我们使用绩效数据判断项目是否成功							0.51**	0.47**	0.49*
9. 我们的机构在资金周转方面有一定的预算灵活性	0.54***		0.42*		0.55***				
10. 我们的机构为满足服务需求而可用的预算非常紧张	0.53**			0.50***		0.59***	0.58***	0.49***	
11. 我们的机构在确定人事问题方面有一定的预算灵活性	0.52*		0.48**						0.42*
12. 我们机构的组织结构适合使用绩效指标		0.42*							

注: ***、**、*分别代表在1%、5%、10%的水平下显著。如果项目涉及多机构协作,绩效测量用于报告跨机构目标的绩效进展,与运营整合特征不相关,则不报告。

们之所以聚焦于俄亥俄州，因为即使绩效预算的法制基础薄弱，它在预算编制阶段对机构的潜在影响也仍然是深远的。

俄亥俄州的绩效预算法全面性评分为2（参见第2章表2-3和表2-4）。这部法律明确规定，俄亥俄州预算和管理办公室的长官有权对选定的"接受拨款的项目或活动"（进行）绩效评估，并要求这些项目或活动的机构长官提供包含特定数据和信息的绩效报告（俄亥俄州修订法典（Ann），第1编§126.01-13（1995））。这些报告必须被包含在机构预算申请中，这对机构融资的重要性，在法规中是显而易见的（俄亥俄州修订法典（Ann），第1编§126.01-13（1995））：

> 如果一个机构未能上交一份对指定的项目或活动的绩效报告，或者如果依照负责人的判断，提交的报告没有包含要求的信息，那么依据俄亥俄州修订法典第1编§126.02，他就可以不批准该机构提交给州长的预算中对于指定项目或活动的预算申请。州长遵循俄亥俄州修订法典第1编§107.03的要求，在他提交给议会的预算中同样不应该提议给该项目或活动拨款，并且应该解释没有提议拨款的原因。

在2011年，第129届议会提出的众议院法案第2号（House Bill 2）致力于制定涵盖各州政府机构的绩效预算法规，但最终通过的法律中规定，只对"大多数州政府机构"定期进行绩效审计（俄亥俄州修订法典（Ann），第1编§117.46-47（2011））。

俄亥俄州在过去10年中都保持着A⁺⁺级的信用评级。该州在总体财政运行水平上排名第13位，并超过平均水平，这在很大程度上得益于其现金偿付能力（排名第8位）（Norcross and Gonzalez，2017）。该州在服务偿付能力上也超过平均水平，但在长期资金、预算资金和信托基金偿付能力上，低于平均水平。俄亥俄州最差的财政运行指标是信托基金偿付能力，根据Norcross和Gonzalez（2017）的测评，排在第48位。

俄亥俄州主要在地方层面履行青少年司法（服务），拘留和缓刑也在当地实行，重返社会者则由州管理（JJGPS，Ohio，2018）。对于不能成功参加社区或个人项目的孩子，青少年司法部（DYS）负责经营州内那些为孩子准备的设施和服务。根据我们在该州联系人的反馈，该部门向各县和社区投入预算，以平衡对青少年的承诺并确保在设施与社区照管之间建立联系。这反映在该州对青少年司法的定位上，与大多数州（前述 29 个）一样，它认同平衡和恢复性司法（BARJ）（OJJDP Statistical Briefing Book，2018）。[1]

我们的联系人强调，从全州的角度来看，俄亥俄州并没有在州机构使用绩效预算；相反，一般性收入中的税收被挪用，并且"分配大部分是基于法律的"。但是，这并不妨碍该机构在战略上进行绩效评估和预算测量，以获得更好的结果。大约 1/3 的社区项目资金使用了绩效指标。例如，该州的长期倡议 RECLAIM Ohio[2] 就使用了绩效指标；与改革相关的项目从多个来源获得资金，并编制与资金相关的绩效指标，特别是关于该州十几个住宅社区设施的投资和绩效的联系。州的设施已设定目标，随着这些设施的监禁率下降，资金再投资于社区而不是返还到这些监禁设施。"如果法院没有使用这些钱，并且我们有想要的结果，那么我们会将钱用于这些（正确的）方向来支持这一点。我们希望这些钱可以为孩子们所用。"

尽管州政府的资金减少了，但经过 RECLAIM 的努力，DYS 通过不断评估目标已经取得了成功。也就是说，俄亥俄州的一般基金预算从 2011 年到 2016 年按实际美元计算增长了 10.3%（从 292 亿美元增加到 322 亿美元）；在同一时期，DYS 一般基金收入下降了 13.6%（从 2.195 亿美元降至 1.897 亿美元）。DYS 预算在 2011 年占该州一般基金预算的 0.8%，但 2016 年下降到州一般基金的 0.6%。根据我们联系人的消息，目前俄亥俄州的资源仍然有限，"俄亥俄州的收入远远低于应有的收入。我们最大的问题是，资源有限，以及法律对追求和达到产出目标缺乏调适性"。鉴于资源日益减少但仍然符合法定要求，青少年司法的成功是通过调剂资金来实现的，在过去这些资金原本是用于支持法院监禁的，而现在它们会（用于）为这些年轻人提供更好的、个性化的和以社区为基础的服务。

尽管如此，这种对度量标准的依赖，需要对行动进行 360 度的全面检查，以便更好地引导资金，获得最佳结果。例如，我们的联系人解释了如果只关注一个指标或目标，有可能发生的意外后果。关闭设施将如何影响青少年及其矫正处置方案呢？

在考虑资源和干预措施以减少设施时，我们不希望州监禁（针对青少年）被频繁使用，而是希望转向基于社区的项目。但是，我们也不希望青少年完全脱离这个系统，并被送到成人设施。通过监测（发现），各县减少了转移到成人设施的青少年人数。（但是），我们不想通过激励一种行为来对另一种行为妥协。

鉴于州财政紧缩，对于俄亥俄州推进青少年司法的研究和改革应用，即通过减少目标设施的申请来实现持续改进的做法，我们不能给予过高评价。

我们开始了减少申请的目标，第一年就减少了30%。现在，我们正在寻求（进一步）减少约20%。我们想把钱投向有产出的地方。可以利用大学来审查项目，使用循证数据来指导我们减少这个指标。立法拨款后，我们从负责人一级来重新评估机构的优先事项，并相应地确定资金。我们正在分配拨款，并要求这件事情得以继续。

在俄亥俄州，法律要求在预算阶段的早期就提供绩效信息；我们的在线调查和采访结果表明，在预算批准和执行的过程中，大量和丰富的绩效信息被用来制定预算和持续评估数据。

4.3.2 得克萨斯州的案例

作为一个公认的在预算编制阶段和流程中之其他方面都高频率使用绩效指标的州，在当前的绩效预算应用方面，俄亥俄州与其他州相比到底表现得如何呢？得克萨斯州提供了一个有趣的对比。在整个预算过程中，得克萨斯州立法机构的力量与其他大多数州不同。得克萨斯州有适度的综合绩效预算法；依照Lu和Willoughby的指标体系计算（见第2章表2-3和表2-4），该州的得分为8分，该体系包括综合性、发生率和问责（这三个）方面。同样相关的是，得克萨斯州一直是推动预算改革的领头羊，过去曾在各种形式的零基预算、规划预算和绩效预算方面积累了一些经验。该州长期以来一直强调战略计划。其绩效预算法要求对州机构进行绩效审计并要求提交报告，这些机构有责任制订战略计划。这些计划的要素由立法预算委员会（LBB）和州长确定，包括机构的使命和目标、衡量机构产出和成果的指标以及实现机构目标的手段和战略。机构有责任向州长、副州长、众议院议长、立法预算委员会、日落咨询委员会①、州审计人员和信息资源部等广大实际行动者提交信息（州法规第 3 编，第 C 卷 §322.011 和 017；第 10 编，§2056.002，009 和 010（1993））。

得克萨斯州立法预算委员会（负责）审查并分析机构预算申请。此外，委员会还要求立法者了解整个财年的机构预算——从预算编制到审批再到执行以及审计和评估（的整个过程）。州长和立法机构都应在整个预算执行过程中监督机构支出。在执行期间两者都必须批准或修改对方与机构预算变化相关的提案。该委员会（负责）在许多领域进行重要的核心审批，包括信息资源战略计划的批准、对此类项目进行的质量保证审查，以及对州机构使用这些资源的监督。

自 2013 年至 2017 年，得克萨斯州的标准普尔信用评级一直保持在 AAA 级。该州的财政运行总体平均值近期排名第 23 位（Norcross and Gonzalez，2017）。该州的服务水平、信托基金情况和长期偿付能力均高于全国平均水平，但预算偿付能力（第 30 位）和现金偿付能力（第 32 位）低于平均水平。自 2011 年至 2016 年，该州的一般基金收入（按实际美元计量）增长了 5.6%（从 798 亿美元增加到 843 亿美元）。得克萨斯青少年部门（JJD）的一般基金（按实际美元计算）在 2015 年和 2016 年占到该州一般收入的 0.3%。

从总体上看，青少年司法服务是在得克萨斯州本地开展的；拘留和缓刑在当地执行，而重返社会者则由州管理（JJGPS，Texas，2018）。得克萨斯州青少年司法制度的目标条款是（顺应了）正当程序时代要求，这种正当程序是其他 6 个州规定的（OJJDP，2018）。县级缓刑服务由州资助、依照州制定的标准运作并受到监督。指定各县开展的青少年项目，由州提供设施。我们的联系人指出，得克萨斯州和其他州一样，已经采取了措施，通过拨款给基于社区

---

① Texas Sunset Advisory Commission，即得克萨斯州日落咨询委员会，于 1977 年依据《得克萨斯日落法案》建立。该委员会通过收集各机构的自我评估报告、举行公开听证会等方式，来确定各机构是否以有效方式提供必要的服务，以及是否应继续、撤除或调整这些机构或其职能。如果某机构被认定为"日落"，那么除非在委员会设定的到期日之前重新调整并获得立法机关批准，否则将被撤除。该委员会在得克萨斯州的政府机构精简、节约财政资金、保证有效监督方面起到了重要的作用——译者注。

的项目，来减少安全设施中的青少年人口，这些项目取得了良好的效果——更多的青少年被安置在低限制且可以更符合其需求的住宅（设施）中。

因此，在得克萨斯州，各机构对预算申请和指标评估的立法回应有着高度的认识，也就不足为奇了。我们在得克萨斯州的联系人，解释了调查的低效率问题以及更好地理解项目有效性的众多指标的重要路径。部门内的单位跟踪其自身的绩效测量，并在其项目范围内定义绩效。绩效测量以不同的方式推动机构内部和立法层面的预算编制。

该部门追踪绩效指标，如再犯罪率、重新监禁率和有多少青少年参与了哪些项目，然后确定项目的有效性，特别是对再犯罪率和重新监禁率的影响。该联系人解释说，立法指标更为看重效率和结果。得克萨斯州立法机构在全州范围内采用了预算观点，同时，特别是在确保设施运营得到满足之后，该机构保留了一个涉及更广泛的项目有效性指标的内部视角，以支持基本的安全和保障需求。

该部门采取了一系列预算决策——资源相应地流向地方和州的项目；预算决策被认为可以满足关键需求，也可以满足安全和保障要求，当然首先还是满足教育和矫正计划方面最有效的方法。在机构内部，如何分析数据对于管理和预算之影响的一个例子是，关于与课堂时间和矫正要求相关的教育计划。我们的联系人解释说，该机构分析了某个校园全天的青少年活动区域，并发现了在某个特定区域青少年聚集导致了混乱。该机构通过一次仅开放一半的校园建筑，改变了校园青少年的管理方式，并实现了安全保障上的积极成果，以及更有效的资源配置。在得克萨斯州，尽管该机构内部考虑了多项指标，其中一些指标与有效性相关，但各机构在制定（与效率相关的）预算申请时，必须认识到立法机关最感兴趣的绩效信息（是什么）。

4.3.3 佛罗里达州的案例

佛罗里达州拥有严格的绩效预算法，并为俄亥俄州和得克萨斯州提供了另一个良好的对比案例。依照 Lu 和 Willoughby 指标体系，该州的绩效预算法得分为 11 分（见第 2 章表 2-3 和表 2-4），该体系包括综合性、发生率和问责（这三个）方面。法律为立法机构选择和评估那些执行机构的度量指标提供了强有力的保障。该程序在 2006 年进行了修订，将绩效报告与拨款申请所需的报告分开。"机构现在提供立法批准的有关其长期计划中的绩效衡量指标和标准的信息"（Florida Office of Program Policy Analysis & Government Accountability，2018）。机构准备这些计划，其中包括有关数据收集的详细立法所需的信息；（有关）测量发展方法、相关性和有效性（的信息）；以及多年期的数据。机构的长期计划可通过该州的财政门户网站获取；这些 5 年计划每年 9 月 30 日之前由每个机构公布（Florida Fiscal Portal，2018）。

佛罗里达州几十年来一直保持 AAA 级的信用评级。2017 年，佛罗里达州的总体财政运行方面在美国州政府中名列第一（Norcross and Gonzalez，2017）。该州现金和服务水平的偿付能力分别排名第二和第三，信托基金（情况）、预算和长期偿付能力远高于全国平均水平。佛罗里达州的一般基金（按实际美元计算）从 2011 年到 2016 年增加了 17.1%（从 258 亿美元增加到 302 亿美元）；同年，该州的青少年司法部（DJJ）一般基金预算申请（按实际美元计算）减少了 12.5%。2011 年，DJJ 一般收入请求占该州一般基金收入的 1.6%；到 2016 年，这一数字下降到 1.2%。

佛罗里达州的青少年司法主要由州政府运营：缓刑和重返社会者则完全由州管理，而拘留大部分由州管理（JJGPS，Florida，2018）。佛罗里达州的青少年司法系统的目的条款归因于一种编制方法。与艾奥瓦州、肯塔基州、新墨西哥州和西弗吉尼亚州相同（OJJDP Statistical Briefing Book，2018）。

如上所述，每年 9 月，佛罗里达州的机构向州长提交长期项目计划，其中包括绩效指标，州长在移交立法机构之前批准计划。几个月后，机构提交法定预算申请。这份申请应该与长期计划挂钩。在立法机关通过拨款账单后，绩效指标会根据调查结果进行调整。我们的联系人解释道：

随着政策优先事项的实施以及投资决策的制定，在移至立法机构时，长期项目计划的可预见性开始逐渐降低。我们所做的工作中，有 70% 是青少年司法中的民营化（privatized）管理，因此私人游说者为获得资助要做大量工作。能否获得资助并不一定与绩效指标挂钩，（但）其实与游说者可以从立法机构拿到钱的任何事情都是挂钩的。

该机构实施了一项重定向计划（redirection program），将青少年的改造安置从住宿项目转向高效的咨询项目。我们的联系人解释说，重定向计划的资金一直增减不定，这取决于立法者愿意资助什么，以及哪些提供者愿意游说立法机构筹集资金。"有一年，我们设定了让 1 000 名孩子加入该项目的（目标）。绩效审计结果表明该项目是成功的，但第二年它（的预算）却被削减了。"联系人解释说，该计划是一个"附加"（add on）项目，相较于其他项目更容易被削减（预算）。这说明了当立法机构的申请落地时，绩效数据如何失去了其"连通性"（connectivity），甚至成功项目的（预算）都有可能被削减。联系人补充说，"由于预算被削减，该机构调整了其绩效指标"。

绩效指标贯穿了整个佛罗里达州的预算流程，其产出和报告很好地融入了该州的预算流程。但绩效测量方法是与预算不同的单独文件。"当我们向州长办公室和立法机关提交时，必须参考长期项目计划。这是一项要求。我们必须将其与预算报告联系起来。"因为刑事司法难免出现起伏，我们的联系人认识到立法机关可能有不同的意见。"在一年中，教育一直在进行，所有刑事司法（结果）也必须维持。这些长期计划的优势在于，它们是与预算分开的文件；在提出预算时，我们参考了长期项目计划。"

在某些方面，佛罗里达州的"绩效 - 投入"之间的关系是逆向的。绩效数据与预算数据是分开的，在预算审批阶段再汇集在一起。立法预算申请必须认可那些设置了绩效指标的机构的长期项目计划。这些信息应该表明，"如果你把资金投入到这里，这就是你得到的——这些指标为投资提供了具体的基础。"然而，并不典型的情况是，立法机关并没有通过基于政治和财政的预算。那么，一旦设定了预算，指标就可以根据所提供的投资做出安排或调整。根据我们的联系人（所说），部分内容涉及提供者和游说者获得为青少年司法方案筹集资金的权力。如果游说者成功了并且项目也获得了额外投资，就会改变绩效测量标准，以确认适当水平的生产/服务能力。我们的联系人了解到，立法机关正在做这项工作。"他们必须对其选民的诉求有所回应，无论测量（结果）如何。"

青少年司法部认为，其工作是生成并传递从计划到预算阶段中有关机构职能的信息。立法者的工作是考虑整个州的情况，而不仅仅是一个机构。因此，我们的联系人强调，在佛罗里达州，在机构内部和项目工作人员之间，有着重要的前期沟通（环节），以阐明和维持关于绩效指标、指标的意义以及该机构长期项目计划和预算之间关系的讨论。（但是）一旦所有文件都送达立法机构，这种关系就会"松动，游说者会更加摇摆不定"。为了让每个人都对机构保持新鲜感，"不要对信息的产生感到满足"，为了使协议不成为简单的例行程序，政府会让人们四处奔走，并指定工作人员准备长期项目计划。

4.4　结论

我们针对预算程序开始阶段中绩效信息使用的研究表明，这些数据的使用次数很多，平均而言，有时甚至是经常使用。在此预算阶段的在线调查中，对于我们列出的每个项目，被调查者都表示在使用，尽管最主要是用于合规性和报告，并且程序中的大多数利益相关者参与了绩效测量，以遵守法律和实现战略计划之目标。我们发现，参与调查的青少年司法行政人员认为，立法机关最关心的是，将绩效测量用于合规评估和战略计划；那些回应的人认为，机构和计划人员更有可能将绩效数据用于管理决策。我们的结果确实表明，在预算流程的这个阶段，（可以通过）对多个利益相关者的高度承诺来使用（一定的）绩效数据。

有关测量质量的调查结果很有趣——质量特性似乎与机构的预算决策无关，但与合规性、战略计划和绩效数据的管理使用有关。对此类用途重要的测量质量特征包括：参与的一致性、与社会福祉和计划结果的相关性。在实际运用中，回应者表示，该预算阶段的绩效指标，在机构内部管理中被频繁使用，在运营预算紧张时，可以选择使用这些信息以确定服务缺口，从而阐明如何在不同项目和下属单位之间战略性地分配资金，并保持持续投入。

我们的访谈结果强调了机构在制定和报告预算申请中，或与预算申请相关的指标方面，对法律的关注——在这一过程中，应在需要的地方出示数据。此外，我们的联系人表示，当预算申请进入这个阶段时，立法机构的测量要求会受到高度的关注。在全州视角下的立法机关和狭隘视角下的机构之间加以区分，这是符合现实的，甚至是必要的。尽管如此，我们采访的青少年司法官员呈现出一种集体特征，他们持续性地、（甚至）经常紧急地制定测量指标，去评估在这个预算阶段的项目地位——为了能够进一步传达这种状态，以满足未来的投资需求，并且为了能够更快地推进战略和重新利用资金，以实现更好的结果。

注释

1.平衡和恢复性司法是一种青少年行为矫正的改革，从严格再分配的司法实践到一种"平衡的框架"，它鼓励以下现象的出现：（1）通过监督青少年参与社区服务和建设来实现社区照管；（2）通过以货币支付、社区服务和教育方式的赔（补）偿，来弥补对他人和社区造成的伤害，进而实现对其问责；（3）通过教育和技能培养促进青少年的能力发展，重点是学会有效地与他人沟通（参见 Bazemore and Umbreit，1997）。

2.RECLAM Ohio 机构与辛辛那提大学合作，提供关于俄亥俄州的青少年司法统计数据和评估的在线报告与信息。成本－收益分析被应用于指标和评估。参见俄亥俄州青少年服务部，RECLAM Ohio，www.dys.ohio.gov/Community-Programs/RECLAM/RECLAM-Ohio。

参考文献

Bazemore, G., and Umbreit, M. (1997). Balanced and restorative justice for juveniles: A framework for juvenile justice in the 21st century. August. Sponsored by the Office of Juvenile Justice and Delinquency Prevention. Accessed on April 30, 2018 at: www.ncjrs.gov/pdffiles/framwork.pdf.

Behn, R. D. (2002). The psychological barriers to performance management. *Public Performance & Management Review*, 26(1), 5–25.

Bourdeaux, C. (2008). Integrating performance information into legislative budget processes. *Public Performance & Management Review*, 31(4), 547–569.

Burns, R. C., and Lee, R. D., Jr. (2004). The ups and downs of state budget process reform: Experience of three decades. *Public Budgeting & Finance*, 24(3), 1–9.

Di Francesco, M., and Alford, J. (2016). Budget rules and flexibility in the public sector: Towards a taxonomy. *Financial Accountability & Management*, 32(2), 232–256.

Florida Fiscal Portal. (2018). Welcome to Florida Fiscal Portal. Accessed on April 30, 2018 at: http://floridafiscalportal.state.fl.us/.

Florida Office of Program Policy Analysis & Government Accountability. (2018). Performance-based program budgeting. Accessed on April 30, 2018 at: www.oppaga.state.fl.us/shell.aspx? pagepath=pb2.htm.

Government Accountability Office (GAO). (2017). Managing for results: Further progress made in implementing the GPRA modernization act, but additional actions needed to address pressing governance challenges. GAO-17-775. September 29. Accessed on April 30, 2018 at: www.gao.gov/products/GAO-17-775.

Ho, A. T. (2011). PBB in American local governments: It's more than a management tool. *Public Administration Review*, 71(3), 391–401.

Ho, A. T., and Coates, P. (2002). Citizen participation: Legitimizing performance measurement as a decision tool. *Government Finance Review*, 18(2), 8–10.

Hou, Y., Lunsford, R. S., Sides, K. C., and Jones, K. A. (2011). State performance-based budgeting in boom and bust years: An analytical framework and survey of the states. *Public Administration Review*, 71(3), 370–388.

Joyce, P. G. (1993). Using performance measures for federal budgeting: Proposals and prospects. *Public Budgeting & Finance*, 13(4), 3–17.

Juvenile Justice Geography, Policy, Practice and Statistics (JJGPS). Florida. (2018). Accessed on April 30, 2018 at: www.jjgps.org/juvenile-justice-services/florida.

——. Ohio. (2018). Accessed on April 30, 2018 at: www.jjgps.org/juvenilejustice-services/ohio.

——. Texas. (2018). Accessed on April 30, 2018 at: www.jjgps.org/juvenilejustice-services/texas.

Lee, R. D., Jr. (1997). A quarter century of state budgeting practices. *Public Administration Review*, 57(2), 133–140.

——. (1991). Developments in state budgeting: Trends of two decades. *Public Administra-*

tion Review, *51*(3),254-262.

Lee,R. D.,Jr.,and Burns,R. C. (2000). Performance measurement in state budgeting: Advancement and backsliding from 1990 to 1995. *Public Budgeting & Finance*,*20*(1),38-54.

Lee,R. D.,Jr.,and Staffeldt,R. (1977). Executive and legislative use of policy analysis in the state budgeting process: Survey results. *Policy Analysis*,*3*(3),395-405.

Lu,Y. (2011). Individual engagement to collective participation: The dynamics of participation pattern in performance budgeting. *Public Budgeting & Finance*,*31*(2),79-98.

＿＿ . (2007). Performance budgeting: The perspective of state agencies. *Public Budgeting & Finance*,*27*(4),1-17.

Lu,Y.,Willoughby,K.,and Arnett,S. (2009). Legislating results: Examining the legal foundations of PBB systems in the states. *Public Performance & Management Review*,*33*(2), 266-287.

Melkers,J.,and Willoughby,K. (2005). Models of performance measurement use in local governments: Understanding budgeting,communication,and lasting effects. *Public Administration Review*,*65*(2),180-190.

Moynihan,D. P. (2008). *The dynamics of performance management: Constructing information and reform*. Washington,D.C.: Georgetown University Press.

National Association of State Budget Officers (NASBO). (2015). *Budget processes in the states*. Washington,D.C.

＿＿＿ . (2014). *Investing in results: Using performance data to inform state budgeting*. Washington,D.C.

National Academy of Public Administration (NAPA). (2018). *Strengthening organizational health and performance in government*. January. Accessed on April 30,2018 at: www. napawash.org/uploads/Strengthening_Organizational_Health_and_Performance_in_Government.pdf.

Norcross,E.,and Gonzalez,O. (2017). Ranking the states by fiscal condition. July. Mercatus Research,Mercatus Center at George Mason University,Arlington,Virginia. Accessed on April 30,2018 at: www.mercatus.org/statefiscalrankings.

Office of Juvenile Justice and Delinquency Prevention (OJJDP) Statistical Briefing Book. (2018). Released on March 27,2018. Accessed on April 30,2018 at: www.ojjdp.gov/ojstatbb/structure_process/qa04205.asp? qaDate=2016.

Pettijohn,C. D.,and Grizzle,G. A. (1997). Structural budget reform: Does it affect budget deliberations? *Journal of Public Budgeting*,*Accounting & Financial Management*,*9*(1),26-45.

Pitsvada,B.,and LoStracco,F. (2002). Performance budgeting—the next budgetary answer. But what is the question? *Journal of Public Budgeting*,*Accounting & Financial Management*,*14*(1),53-73.

Rubin,I. S. (2016). *The politics of public budgeting: Getting and spending,borrowing and balancing*. Washington,D.C.: CQ Press.

Thurmaier,K.,and Willoughby,K. (2001). *Policy and politics in state budgeting*. Armonk,NY: M. E. Sharpe.

Willoughby,K. (2004). Performance measurement and budget balancing: State government perspective. *Public Budgeting & Finance*, 24(2), 21-39.

Willoughby, K. G., and Melkers, J. E. (2001). Assessing the impact of performance budgeting: A survey of American states. *Government Finance Review*, 17(2), 25-30.

——. (2000). Implementing PBB: Conflicting views of success. *Public Budgeting & Finance*, 20(1), 105-120.

第5章　确定拨款阶段的绩效预算

引言

本章解释了在预算立法审批阶段，政府如何参与到绩效预算进程之中。绩效数据是否在此阶段得到呈现？如果有，在作出拨款决定时，立法者是如何应对的？本章通过分析我们的在线调查结果，以及对州青少年司法官员的访谈情况，考察了青少年司法机构在这一阶段所实行的绩效预算。

5.1　关于预算审批阶段绩效数据使用情况的既有研究

预算审批阶段是作出拨款决定的阶段，也是掌握财权的人了解绩效信息的阶段（如果有的话）。这不是无关紧要的，因为传统预算在这个阶段严重依赖于渐进主义思想（Wildavsky，1964）。认识到在预算审批阶段引入绩效信息的重要性，有助于在作政治决策时保持"理性"。虽然对当选官员来说预算审批过程中政治决策当然是理性的，但将绩效数据和测量方法纳入他们的筹资审议中，就涉及技术理性的应用。当然，如果立法者不考虑绩效数据，它对预算编制的参与，充其量仍是一项行政改革。有人认为，"鉴于立法在预算编制中的中心地位，使立法机构在预算改革中边缘化，这可能不仅仅是一个规范性的问题"（Bourdeaux，2006，p.122）。

预算审批阶段是否将绩效信息纳入考量，对预算编制过程的其他阶段具有涟漪效应（ripple effects）。到目前为止，我们的研究表明，各机构都在向立法机关寻求提示，以了解它们（机构）应该如何开发、报告和使用绩效数据（Lauth，1985；Lu，2011）。"对于预算更高层面的立法责任，以及监督绩效信息在立法中的参与程度，与在立法（机关）和各机构层面作出预算决定时更多地使用绩效指标，有着明显的联系"（Bourdeaux，2006，p.120）。既然认识到预算在批准阶段具有很强的政治性，在州立法会议期间，绩效信息到底可以发挥什么作用呢？

当然，最鲜明的方式是通过立法来制定绩效预算——这是一种法制化的做法，可以在倡议执行绩效预算的基础上进行，或与之相结合。第 2 章从绩效预算立法的角度审查了各州的现状，指出 50 个州中有 42 个州具有绩效预算的法律基础，这些法律基础具有广泛的综合性及其他特点。有了这样的法律，就可以长期维持绩效预算的实施，正如 Chi（2008，p.7）所发现的，绩效治理指标"是那些多年来持续的，已被制定成法律的指标。那些通过行政命令或私营组织实施的指标，并没有超出州长任期"。此外，法律有潜力提供更好的综合框架来指导实践。"识别有助于整合绩效与预算的个别影响因素"是不够的；重点应该放在"模型中的组织和连接因素，以全面理解整合的动态性"（Lu，Willoughby and Arnett，2009，p.269）。也就是说，法律为更慎重和更包容的进程提供了一个平台。此外，法律一致性问题也很重要（Dibble，2006；Lu，Willoughby and Arnett，2011；Mazmanian and Sabatier，1989；Mcfarlane，1989）。Lu，Willoughby and Arnett（2011，p.91）指出：

为了成功地应用绩效预算制度，法律至少应规定这样一些特定内容：测量指标开发、指标类型、指标与机构战略计划的联系，以及计划与预算的联系、绩效信息的更新、监督、评价和报告。

此外，绩效预算立法是对绩效作出法律承诺的一种确定性证明。法律聚焦于政府绩效所形成的信号效应，对于编纂法典的偏好和参与绩效预算制度而言，其影响是巨大的。例如，之前对新墨西哥州和俄勒冈州进行的研究，一些州将法规编成法典，规定其对绩效测量所负有的共同责任。此外，新墨西哥州与艾奥瓦州、路易斯安那州、密苏里州、得克萨斯州、犹他州和华盛顿州一起，规定了绩效评估的共同立法责任（Lu，Willoughby and Arnett，2009）。尽管美国各州的绩效预算立法相对繁荣，但立法者对绩效信息的有效参与也未必广泛（Moynihan and Kroll，2016）。有研究表明，在拨款过程中，可能存在部分（或没有）使用绩效数据的情况，或者在这个阶段中甚至不希望将绩效与预算过于紧密地结合在一起（Moynihan and Kroll，2016）。

尽管如此，那些赞同绩效与预算"在某种程度上有所整合"的研究也承认，立法机构间接和有条件地参与了绩效预算。例如，Bourdeaux（2008，p.547）发现，"诸如绩效指标之类的分析信息，通过由关键委员会工作人员维护的政策网络，似乎进入了立法讨论"。我们关于青少年司法官员在预算制定过程中使用绩效指标与预算立法工作人员认为的共同承诺之间相关性的研究结果，也证实了这一点。Bourdeaux（2008）还发现，引导选民关注绩效问题，可能会潜在地提高立法机构对绩效数据的利用率。最近一项对绩效预算文献的综合分析，研究了2002年到2011年间发表的相关文章，19%的文章认为，在拨款阶段，绩效预算对资金分配有影响（Lu，Mohr and Ho，2015）。研究还指出，"某种整合"取决于多种因素，包括立法机构、程序和成员特征。例如，公民立法机构和（或）一项强大的法律驱动的预算流程（如得克萨斯州），可能更容易接受绩效导向（Bourdeaux，2008）。

绩效预算研究最近的一个趋势，就是使用实验性研究设计（experimental research designs），其中测试的元素是绩效对投资产生影响的可能条件。例如，Moynihan（2015）对研究生进行了一项实验性设计，测试学生在几种情况下对资助情景的反应。Moynihan（2015，p.49）发现"优先目标模糊和评估目标模糊，都与较低效的资源分配相关"，并且"对绩效目标所产生的期望不一致，也减少了测试对象之间的资源分配"。更多近期的研究，将实验性研究方法应用于实际立法者，发现"在立法者审议过程中引入绩效信息"，会导致对现有配置的更大偏差。出现这种差异，是因为绩效信息更清楚地突出了预算变化的预期结果，并允许作出更明显的反应（Labinot，2017，p.366）。这种偏差的大小，取决于立法者的思想意识和利益。例如，如果绩效信息与他们的思想意识一致，偏差就会增大（Labinot，2017）。

大多数研究发现，在预算批准阶段，几乎没有（或许根本没有）关于绩效整合的证据（Andrews，2004；Grizzle and Pettijohn，2002；Heinrich，2012；Moynihan，2008；Pitsvada and LoStracco，2002；Redburn and Newcomer，2008；Wang，2002）。Joyce（2011，p.356）回顾了奥巴马政府的绩效活动，强调"从历史上看，国会对循证决策几乎没有兴趣"。在 Heinrich（2012，p.132）的综合实证研究中，她对美国卫生与公共服务部管理的 95 个项目进行了研究。其结论是："随着时间的推移，项目结果的评级和整体 PART（项目等级评价工具）得分，对项目资助没有明显的影响。"唯一的慰藉是，PART 确实认真对待了绩效证据——"对于那些没有提供量化证据、没有使用长期指标、基线指标、目标，或独立评估的项目，绩效得分（统计上）明显较低。"（Heinrich，2012，p.123）。Willoughby 和 Benson（2011，p.1）在研究了过去一个世纪的预算改革后，得出结论："不幸的是，在绩效评估、项目评估和最终拨款之间建立直接联系，仍旧是难以实现的。"在地方层面，最近的一项研究（Hijal-Moghrabi，2017，p.668）注意到："尽管样本中的大多数城市在其预算结构中纳入了一些基于绩效的预算（performance-based budgeting，PBB）的成分，但它们的预算并不符合基于绩效的预算之要求。"

虽然"基于绩效的预算"这一概念早已被"知晓型绩效预算"（performance-informed budgeting）的概念所取代，但在现阶段，如何将绩效信息传递给预算，仍然是一个不明确或困难的问题。其中有几个原因："维持现状的既得利益者，难以接受这种（绩效）改革是合法的"（Joyce，2011，p.358），担心绩效数据的存在会使政客们变得脆弱（Andrews，2004），并且缺乏对决策有意义的高质量的绩效数据（Hou et al.，2011；Kasdin，2010；Lu，Mohr and Ho，2015）。Labinot（2017）指出，以往的研究缺乏严谨性，对绩效之于立法拨款决策的影响，得出的结论不够明确，而且大多数是悲观的。也就是说，传统的研究方法缺乏产生具有内在有效性的结果。该研究者（2017，p.376）解释说，"实证研究未能提供一个关于可用的绩效信息如何与政治维度相互作用，以影响立法者预算决策的概念"，并呼吁运用"行为理论来诠释立法者信息相关行为的驱动因素——这是关乎以下问题的一种理论，即立法者在涉及分配的决策中，实际上是如何作出这些分配决策的"。

如上所述，另一个观点是，可能不希望将绩效与预算过于紧密地结合起来。其中，以价值为基础的一些人提出了异议；其他人则受到实际问题的驱使。一些研究者认为，绩效整合是将政治从预算过程中移除的一种尝试，这有可能威胁到公共价值观（Radin，2006；Shah and Shen，2012）。实际上，在Bischoff和Blaeschke（2016，p.357）的模型中，就已认识到高质量测量的困难，认为"绩效评估（不得不）依赖于相关单位努力程度的代理信息时，（绩效预算）会因粉饰门面而引发大量的社会浪费"。Posner和Fantone（2007，p.365）暗示了将绩效与预算紧密联系起来在价值层面和实际风险层面上的必然性：

尽管人们普遍认为，对绩效预算的关注过少，将会破坏以往提倡的绩效预算，但将绩效指标与特定政治行动者的预算及政策议程联系起来，也会带来风险和挑战。虽然这些风险实际上可能是对绩效信息高度关注的必然结果，但存在着这样一种风险，即这有可能削弱绩效框架和信息对决策者的强烈吸引力。也就是说，它们被认为是一个以获取决策成效为目标的基于专家经验的方法。

当然，提出绩效和预算全面整合面临风险，是一个符合逻辑的问题。一些研究者警告称，由于缺乏探索，这种"可能无法实现"的观点，或许会导致绩效预算整合工作陷入低潮。用Joyce（2011，p.357）的话来说，这种观点有可能妨碍"我们成功地研究和阐明这样一种能力：预算和绩效信息在许多情况下，可以并应该整合在一起"。

因此，现有的研究描绘了一幅在拨款阶段并不使用绩效信息的画面。尽管Bourdeaux（2006，p.120）曾感叹道："在州一级政府实施预算改革时，反复出现的问题是，是否以及如何让立法机构参与其中。"立法机构不是唯一参与预算审批阶段的部门，尽管它是最重要的一方；行政部门也会参与其中。目前研究不足的是，其他各方在立法拨款阶段是如何利用绩效信息的。我们不仅需要按此处尝试的阶段来研究绩效预算，而且在最近的综合分析（Mauro，Cinquini and Grossi，2017）中重申，还需要对存在多个关键利益相关者的各阶段进行研究。影响力是双向的——从立法者到机构，反之亦然。下面，我们将深入研究各州青少年司法机构目前如何呈现和使用预算审批阶段的绩效数据。

5.2 拨款阶段使用绩效预算的在线调查结果

5.2.1 预算审批中绩效指标的使用

表5-1包括了我们对州青少年司法官员的在线调查结果，并表明在预算审批阶段绩效信息被大量使用。青少年司法行政人员表示，所有项目的平均得分为4.09分，这些官员在该阶段对所有项目使用的绩效指标，略高于通常水平。这些机构使用指标来传达绩效进展或挑战，但这些指标通常基于合规性的目的，并证明对立法者的要求是合理的。这些结果支持了这样一种观点，即机构经常使用绩效指标与立法者沟通其绩效进展、挑战和资金需求。在列出的项目中，没有一项表明指标从未被使用，而只有一项经常被使用——说明为何向出资人提出申请，而不是向州基金申请。

表5-1 州青少年司法行政人员在预算审批阶段使用绩效数据的情况

检查贵机构的绩效指标在多大程度上用于以下目的	观测值	平均值[*]	标准差
沟通绩效进展或挑战	21	4.33	0.80
遵守绩效报告要求	21	4.24	0.94
向议员提出合理要求	21	4.05	1.12
说明为何向出资人提出申请，而不是向州基金申请	20	3.75	1.12

预算批准的总平均值：4.09

[*]等级：1＝从不；2＝偶尔；3＝有时；4＝经常；5＝总是。

5.2.2　共同承诺与绩效指标之应用

我们接下来将考察绩效测量的使用情况与主要利益相关者共同承诺之间的关联。在线调查中，我们要求青少年司法官员就各利益相关方在这一预算阶段使用本州绩效测量系统的承诺，指出他们认可或不认可的程度。表5-2提供了这些官员对以下二者间关系的看法，即预算批准中绩效指标的使用，与该流程中其他利益相关方采取措施的承诺。这些结果表明，许多利益相关方对绩效测量的承诺，与这些官员在拨款阶段对绩效测量的使用有关。经常使用绩效测量标准来传达有关机构绩效进展和挑战的信息，与官员对机构工作人员和项目人员、行政预算办公室工作人员、立法者、立法预算办公室人员和审计署就绩效测量系统之承诺的看法，二者具有正向反馈和统计相关性。正如在第4章中所看到的，关于在预算编制过程中绩效测量的使用，在第二个预算过程阶段的使用表明，使用指标与立法预算办公室就机构绩效进行沟通的相关性最强。机构对有关绩效测量利益的立法线索之考虑，似乎也很明显——青少年司法官员对立法者承诺使用绩效指标的看法，与使用这些项目的所有绩效测量，均呈显著正相关——非常显著的统计意义在于，用于沟通机构绩效和证明机构要求的绩效测量的使用，均在0.01水平。我们发现，正如在预算编制过程中，各机构除了关注州长议程外，还对拨款过程中立法者很看重的信息进行识别，并设法提供这些信息。

表5-2　　　　共同承诺与预算批准阶段绩效信息使用的相关性

	沟通绩效进展或挑战	遵守绩效报告的要求	向议员提出合理要求	向出资人提出合理要求
测量使用的均值	4.33	4.24	4.05	3.75
机构管理人员	0.42*			
机构/项目人员	0.51**			
州长	0.46**	0.43*		
中央/行政预算办公室	0.45**			
州议会	0.59***	0.42*	0.59***	0.44*
立法预算办公室	0.68***	0.52**		0.49**
审计人员/审计办公室	0.57***	0.55***		

注：***、**、*分别代表在1%、5%、10%的水平下显著。在预算审批阶段，机构管理人员、接受服务的青少年和家庭、一般公众和支持者的承诺与绩效测量的使用没有任何关联，也不做报告。

5.2.3　测量的发展、质量及绩效指标的使用

我们进而询问了青少年司法官员对与绩效测量发展和质量相关陈述的认同程度，然后将其与预算审批阶段绩效指标的使用情况相关联，结果如表5-3所示。所有与测量发展和质量相关的项目，都与官员使用测量来沟通机构绩效显著相关，但与开发指标的资源充分性相关的项目除外。此项目与遵守绩效报告要求的测量使用相关，但仅在0.10显著性水平上相关。最显著的相关关系，存在于青少年司法官员使用指标来沟通其机构的绩效，与测量质量特征和社会福祉的相关性及使用的一致性之间。第三个最强的相关性是绩效指标使用的合规性和测量相关性。收集绩效数据的便利性，与官员们向立法者提出预算要求时采取的指标之间，存在高度的相关性。虽然"向出资人提出合理要求"是唯一的与测量质量特征无关的绩效测量目标，但这些结果表明，在预算批准期间，青少年司法官员在与立法者沟通时，在测量质量与测量方法的使用之间，存在着相当强的正向关系。

表 5-3　　　　　预算批准阶段测量质量与绩效信息使用的相关性

	沟通绩效进展或挑战	遵守绩效报告的要求	向议员提出合理要求
测量使用的均值	**4.33**	**4.24**	**4.05**
我们的绩效指标与社会福祉相关	0.70***	0.61***	
我们定期审查绩效指标是否适当	0.57***	0.52**	
我们有充足的资源来编制绩效指标		0.43*	
我们很容易收集绩效数据	0.48**		0.56***
我们使用多种指标来评估各种项目成果	0.38*		
我对绩效测量的看法受到其他人的重视	0.58**		
本机构在过去两年已经使用过绩效指标	0.64***	0.54**	

注：***、**、*分别代表在1%、5%、10%的水平下显著。用于证明向出资人提出合理请求的绩效测量与任何测量质量特征无关，也没有报告。总的来说，我们相信在绩效测量系统中生成的数据，很容易将绩效测量与本机构的项目结果联系起来，而且本机构有明确的、可测量的目标，这些目标与预算批准阶段的任何绩效测量的使用没有关联，也没有报告。

5.2.4 运营整合和绩效测量的使用

表5-4列出了有关官员在预算批准阶段使用具有业务和组织特点的绩效指标情况。其相关性弱于利益相关者对绩效体系或测量发展和质量之承诺的相关性。尽管如此，所有的相关结果都是正向的，其中最有力的证据是，青少年司法官员运用指标来遵守绩效报告的要求，和业务部门评估支持任务完成的绩效结果之间，具有相关关系。利用指标来沟通绩效和合规性，与列出的大多数运营内容——组织因素（如绩效和数据评估文化）正相关，并且一些预算和相关人员的灵活性，同使用指标来沟通绩效并遵守绩效报告要求之间，也是正相关的。

表5-4　　　　　　　预算审批阶段运营整合与绩效信息使用的相关性

	沟通绩效进展或挑战	遵守绩效报告的要求	向议员提出合理要求	向出资人提出合理要求
测量使用的均值	**4.33**	**4.24**	**4.05**	**3.75**
我们定期收到关于项目绩效的反馈	0.40*		0.40*	
我们使用绩效数据来监控战略计划的实施	0.40*	0.45**		
我们使用绩效指标来定期调整战略计划				0.49**
我们是一个数据驱动型机构	0.46**			
评估绩效结果帮助我们更好地完成任务	0.41*	0.52**		
我们的机构在资金周转方面有一定的预算灵活性	0.39*	0.41*		
我们的机构在决定人事问题方面有一定的灵活性	0.49**	0.42*		

注：***、**、*分别代表在1%、5%、10%的水平下显著。运营整合的下列特征，与预算审批阶段的任何绩效测量的使用无关，也未作报告：

- 评估绩效结果有助于我们作出更好的决策
- 我们的机构为满足服务需求可用的预算非常紧张
- 我们定期召开有关绩效进展的会议
- 我们使用绩效数据来判断项目是否成功
- 我们机构的组织结构易于使用绩效指标

5.3　州青少年司法官员实时解释绩效预算

5.3.1　路易斯安那州的案例

我们对路易斯安那州的在线调查结果显示，该州在预算批准阶段对绩效信息的平均使用得分为4.8分（满分5.0分），远高于样本平均水平的4.1分。这些调查结果表明，路易斯安那州的青少年司法机构，通常在预算周期的拨款过程中使用绩效指标。我们关注路易斯安那州，同样因为它在各州中拥有最全面的绩效预算法（正如第2章所讨论的），其得分为10分（见第2章表2-3和表2-4），包括综合性、发生率和问责制的内容。路易斯安那州的《政府绩效和问责法案》（路易斯安那州修订法令39：87.1-6分部分D；24：603；39：2，31-32，36（1997）；第797号法案（2014）），旨在将机构资金与"确保州资金支出的效率性和经济性的预期绩效"挂钩。该法案规定了绩效数据、修改协议和责任、绩效进展报告要求，同满足绩效期望和（或）激励改进项目以及实践的努力相关的奖励与惩罚。法律还规定了立法机关在评估和审计执行机构绩效方面的重要作用。

2017年，修订的法典（路易斯安那州修订法令39：87.7）新加入了"路易斯安那州卫生厅成人心理健康项目中基于证据的预算提案流程"的试点内容。法律要求该部门重新立法确定有关使用"有前途的实践和以研究为基础的项目，来提供成人心理健康护理"的指导方针。

该方案允许员工"参考华盛顿州公共政策研究所的循证实践项目库、结果优先资料交换数据库或任何其他类似的循证资料库"时，将最佳实践应用于此类计划。长期以来，路易斯安那州在立法和实践中都以其绩效预算体系而闻名。第2章指出，该州声称其主要的预算方法是绩效预算。研究还指出，虽然路易斯安那州将绩效与资金挂钩的努力在早期取得了一些成功，但自从得到了有效的支持，后来持续性的应用就有所减少了。

路易斯安那州目前的信用评级为AA级，高于2011年的AA-级。该州的财政总体运行状况排名第44位，低于平均水平；比上一年的第33位有所下降

（Norcross and Gonzalez，2017）。该州的偿债能力排名第22位，高于平均水平，但其他4个财政运行指标低于平均水平。路易斯安那州在现金支付短期债务方面排名第26位，但在预算偿付能力方面排名第47位。预算偿付能力衡量的是用当前收入来满足年度支出的能力。Norcross和Gonzalez（2017）将其长期基金和信托基金偿付能力分别排在第37位和第38位。从2011年到2016年，路易斯安那州的财政总体状况很差，以实际美元计算的一般基金预算下降了27.4%①（从122亿美元下降到88亿美元）。与此同时，路易斯安那州青少年司法办公室（OJJ）一般基金的收入下降了32.4%（从1.249亿美元下降到8 450万美元）。这些年来，OJJ预算一直稳定在州一般基金预算的1%左右。

青少年司法服务主要由路易斯安那州政府运营；州政府负责管理重返社会者，缓刑服务也大部分由州政府运营，拘留服务由地方政府运营（JJGPS，Louisiana，2018）。路易斯安那州青少年司法制度目的的条款来自"正当程序时代（due process era）"（参见第3章注释）。也就是说，路易斯安那州通过联邦法律、判例法和最高法院案件对正当程序所作的修改，已然经过了数十年的考量（OJJDP Statistical Briefing Book，2018）。该州的青少年司法服务在OJJ之外运营。

我们在路易斯安那州的联系人解释了在州财政状况持续恶化的情况下，将绩效指标应用于预算的艰难现状：

已然连续十年进行预算削减和年中削减。它事关日常生活，特别是在青少年司法中，我们百分之百地依赖法庭。我们必须遵守法庭下达的照管孩子的命令。这种挣扎求生意味着没有被法院认可。

在路易斯安那州，财政状况和法律协议迫使青少年司法部应用指标来维持生计，甚至不得不进行创新。例如，去年该机构不得不裁减工作人员，随后，缓刑执行官的案件数量也增加了。OJJ不得不在运输服务中裁减了一些成本较低的职位，这才使得该机构能够维持所提供的服务。

---

① 有误差，原文如此。文中类似误差不再说明——编辑注。

　　我们已经开始使用循证工具，并更加积极主动地让青少年摆脱费用高昂的改造场所，将他们送入社区。使用这一工具可以帮助我们了解自身所处的位置，以及我们需要做什么。当注意到数字发生变化时（上升或下降5%），我们需要证明这种变化的合理性，仔细观察并考虑可能发生的情况。

　　尽管在当前的环境中，直接将资金与绩效挂钩的做法遇到了阻碍，但确实有证据表明指标经常出现，并且经常得到评估。这为路易斯安那州的发生率在所有州中得分最高（总分为10分）提供了依据——在预算过程中，绩效信息在何时何地出现。联系人指出，

　　根据法律，我们将（数据）提交给立法机构。在一段时间内，以机构为单位衡量其绩效，以确定是否在改进。在预算问题上，我们有动力去理解是否在改善。如果没有，再确定这是一个资源问题，还是控制因素的问题。这些指标帮助我们思考工作量的变化，并允许在机构内部降低期望——如何确保我们的员工都竭尽所能？我们每季度评估一次指标，指标逐渐重复出现；无论是家庭参与的百分比，还是高中文凭的数量，都与孩子息息相关。

　　联系人还提到了与机构的合作，

　　指标取决于法院所推动的政策和实践。法院一直在合作，并愿意根据（我们）基于证据的、结构化评估的应用程序，来修改提案，这一程序以我们的群体为准，是个很好的暴力行为预测器，被广泛使用，并得到了很好的运用，也是一个用于该群体的有效工具。

　　虽然绩效指标对于评估哪些数据不起作用是很重要的，但使用这些指标来了解哪些数据在起作用，尤其是当项目受到攻击时，则是同样重要的。根据联系人所述，

　　当项目受到批评时，我们使用有关绩效的数据，以及谁该做什么，来进行分析。我们经历过一次自杀和逃跑。当涉及的是一个特定群体时，这些事情确实会发生。但是，这样的结果并不一定反映设施差或缺少照管方案。我们承认对数字的批评，但也希望将注意力转移到因我们之所为而带来的益处上，如即将毕业的学生、50名获得职业资格证书并准备上岗的学生。

　　一家机构可以将绩效指标应用于合同和内部人员，但将绩效与承包商的资

金挂钩是有问题的。首先，它对供应商来说是一项花费不菲的事情，有可能因此而缺少服务的提供者。

实际上，如果我们有了一个新的供应商，就会要求他们必须准备好设施、雇用员工并为孩子们提供服务，然后我们才会付钱给他们。这是一项重大且刻不容缓的投资，很少有人愿意进入这个行业。

合同是经过评估的，但良好的绩效"并不影响设施的预算，因为我们使用的是固定成本模型"。而且，当出现绩效不佳或不合规的情况时，实施财政惩罚也面临挑战，因为供应商将直接退出这项服务。

最终，在路易斯安那州，尽管有法律要求提供并报告绩效数据，并且青少年司法办公室自己也对数据不断进行评估，但研究显示，在拨款时，立法者很少参考绩效数据。"当我们去立法机构的时候，我们不会像战略计划中提到的那样，得到所有有关具体指标的问题。他们知道我们无法扩展这些项目。"该州财政部长 John Schroder（2018）发布的一份新闻稿指出，路易斯安那州如立法要求的那样执行绩效预算，仍然是难以实现的，并导致了"一个破碎的体系"。Schroder 解释说，预算谈判的重点仍然仅仅是提高收入问题，它敦促政府提高透明度、避免使用花招、改革预算程序，并有长期眼光。注意到预算缺少对预算绩效指标的考虑："路易斯安那州有花光它以为会有的每一分钱的历史，这对预算造成了严重破坏。"（Schroder，2018）因此，我们的研究清楚地说明了这些机构在预算立法审议过程中利用绩效信息是非常重要的，但立法者自己对这些信息的依赖却有所减弱。

5.3.2 犹他州的例子

路易斯安那州立法机构对绩效信息的使用相对较少，与犹他州相比又如何呢？犹他州的绩效预算法比较有限，综合得分仅为 5 分（见第 2 章表 2-3 和表 2-4），包括发生率和问责的内容。犹他州几十年来一直保持 AAA 级的信用评级。在财政总体运行状况方面，该州排名第 4 位，仅次于佛罗里达州、北达科他州和南达科他州（Norcross and Gonzalez，2017）。在除信托基金外的所有财政偿债能力比率中，该州的排名都高于全国平均水平，而信托基金仅略低于全国平均排名，排在第 23 位。同时，现金和预算解决方案分别排在第 3 位和第 4

位；服务水平偿债能力排在第12位，长期偿债能力排在第14位。犹他州的一般基金收入从2011年50亿美元下降到2016年49亿美元，下降了2%，而该州的青少年司法一般基金收入同期下降了2.7%（从8 490万美元下降到8 260万美元）。尽管如此，作为州总收入的一部分，到2016年，青少年司法服务总收入仍然保持在1.6%左右。

在犹他州，青少年司法规划和运营主要由州进行，由公民服务部中的州青少年司法服务处（DJJS）来集中管理（JJGPS，Utah，2018）。州开办各类拘留中心和长期安全设施，青少年法庭缓刑服务、青少年服务以及不符合羁押条件的青少年收容中心。犹他州拥有11个拘留设施和6个长期安全设施。与大多数州（29个州）一样，州对青少年司法的指导，也认可平衡性与恢复性司法的目的（OJJDP Statistical Briefing Book，2018）。

我们在犹他州的联系人解释说，鉴于管理信息系统——法院和机构记录交换（Courts and Agencies Records Exchange，CARE）——的优势，他们能够持续评估绩效指标，该系统允许跨越青少年司法和儿童福利系统进行数据共享。与法院有任何接触的青少年，在第一次互动时，系统会提供一个独特的标识符；然后通过系统跟踪这些年轻人的数据。

CARE包含丰富的人口信息、青少年接受的服务和评估结果。这种类型的数据帮助我们测量每个项目在系统中花费的时间以及再犯罪率，也让我们知道青少年是否在一个项目中产生新的费用。

青少年司法服务处收集和报告众多绩效指标，并且持续的数据评估会支持绩效管理。

例如，我们意识到某一个设施中青少年的羁押时间更长，所以想知道项目中青少年犯罪的类型是否为其原因之一。我们研究了不同羁押时间和不同犯罪类型的年轻人，发现它们在该机构的做法非常不同。这有助于我们在政策和实践（一致性）方面作出一些决定。

绩效数据也用于在机构内作出预算决定。以下内容表明，该联系人在整理预算决策的绩效信息时，对全州财政背景有着清晰的了解：

我们使用设施的人数报告来确定需要运营的床位和单位的数量。当人数减少并保持在较低水平时，是否需要关闭单位或设施？如果是这样，哪些没有经费的需求可以用来再投资？要知道，立法机构永远不会为我们所有的需求提供资金，因此我们必须能够通过内部重新分配来满足自身的需求。

该联系人注意到一个例子，即对机构绩效评价的立法评估会催生预算的变化：

我们开展了为期45天的观察和项目评估，将年轻人带离家庭45天，以进行这项评估。当评估这些数据时，我们想看看年轻人之后会去哪里。我们发现，他们大多数人都回家了。这显示出他们对社区并没有危险，那么为什么我们非要把他们带走呢？我们试行了一项计划，把年轻人留在家里，并进行同样类型的评估。然后跟踪了这些年轻人的结果，并且认为这个拘留方案已经没有必要了。去年，立法机构取消了这项计划，节省了600万美元，我们得以重新分配资金用于家庭服务。

在犹他州，在向州长提交预算申请时，以及向立法机构提交进展情况时，都要求提供有关结果和绩效的数据。我们的联系人称，议员们希望重新审核有关项目结果的数据——青少年是否因为与该系统接触，而获得了更好的服务？

你不能光说再犯罪率。我们还需要报告一些更直接的青少年发展成果，如降低风险水平、改善家庭关系和教育进展。如果我们没有达到目标，就难免有可能失去资金。

尽管如此，青少年司法服务处发现，信息需求有助于该机构解释其人口特征、项目需求、结果和成效的能力。6年前，该机构面临300万美元的预算削减，"因为上届政府没有建立一个测量结果的系统，所以我们无法为自己的项目辩护。自那以后，我们一直在努力提供这些信息。"

然而最近，我们的联系人解释了实现现任州长绩效改进计划（SUCCESS）的效率目标所面临的挑战，该计划旨在将整个州政府范围内的绩效提高25%。该计划将效率定义为改进流程或减少预算，或两者兼而有之。每个州的机构必须定义那些"成功"的目标和措施，并按季度向系统提供数据。DJJS指标包括参加项目的青少年人数、项目的成本，以及在项目中（和项目实施后）青少年的表现或再犯罪率。从实际情况看，青少年司法服务处的绩效得到了改善，这意味着更多的青少年完成了项目，项目中涉及的青少年人数减少，以及更少的再犯率。

我们面临的挑战是，当我们的青少年犯罪人口减少时，一个项目中青少年的人均成本就会上升，这表明我们的效率降低了。因此，我们很难在这个框架内展示出积极的成果。

该机构可能面临的最大挑战在于

在公众服务环境中对于更高的效率很难量化。每张床的成本（指标）令人沮丧，因为当前有些人需要卧床，并且需要比我们过去服务的人群更多的治疗干预措施。

犹他州的悲哀在全美也是同样的——客户减少并不意味着资源需求减少。对于事关那些必须被关在安全设施中的青少年问题的复杂性和严重性，需要一个共同服务、治疗和监护责任的纲要，而这些纲要并不利于改善绩效，事实上也无助于降低成本。

犹他州是州政府委员会（CSG）编制绩效指标的试点地区。CSG 评估了该州的青少年司法系统，并提出了改进建议。这导致了通过创建一个青少年司法工作组来实施项目改革，以促进对法院和 DJJS 之建议的理解，以及对变革的支持。我们在犹他州的联系人认为，绩效测量评估和绩效沟通是促进更好结果的关键。

当你通过立法来改变现状时，需要一年或更长时间才能看到结果，在这期间，人们早就失去了兴趣。你需要谨慎地分享早期数据，让人们随时了解最新情况，并与人们就变化带来的结果进行沟通。

5.4 结论

在线调查的结果显示，青少年司法官员在预算审批阶段所使用的绩效信息存在细微差别。我们对调查中所包括的各项任务均进行了最大限度且频繁的测量。此外，这些官员使用的绩效测量方法与众多利益相关者相对应。不足为奇的是，这些行政官员在此阶段对绩效测量工具的频繁使用，与各机构努力向立法者传达其在资金需求背后的原因、其高质量的数据、其与社会福祉相关与否，以及在操作上这些指标表明机构取得的进步等因素，是存在相关性的。

我们在路易斯安那州和犹他州的联系人提供了一些有关绩效信息之立法吸收（legislative digestion）的对比画面。在路易斯安那州——一个有着非常严格的绩效预算法律的州，其紧张的财政状况削弱了青少年司法官员向立法者有效地提供绩效数据以确保资金需求的能力。尽管如此，这些官员还是展示了迄今为止在其他州所证明的公务员的一般状况——不断评估指标，以了解实际状况，进行日常管理，并在财政上能够生存下去；了解所在州的青少年人口、设施能力以及项目结果，以使得机构在财政困难时仍能得到支持。

犹他州呈现出一幅截然不同的景象——青少年司法官员部分依赖于向立法机构提供预期的数据，以保证生存。立法者希望得到这些信息，以便能够更好地评估投资回报。犹他州青少年司法正在经历许多其他州面临的同样问题。和其他州的官员一样，犹他州的官员正在与外部基金会和研究智库进行接触，把握项目的脉搏，让所有利益相关方尽可能自由地沟通，以制定政策，推动他们的工作并获得成果。

参考文献

Andrews, M. (2004). Authority, acceptance, ability and performance-based budgeting reforms. *International Journal of Public Sector Management*, *17*(4), 332-344.

Bischoff, I., and Blaeschke, F. (2016). Performance budgeting: Incentives and social waste from window dressing. *Journal of Public Administration Research and Theory*, *26*(2), 344-358.

Bourdeaux, C. (2008). Integrating performance information into legislative budget processes. *Public Performance & Management Review*, *31*(4), 547-569.

———. (2006). Do legislatures matter in budgetary reform? *Public Budgeting & Finance*, *26* (1), 120-142.

Chi, K. S. (2008). *Four strategies to transform state governance*. Washington, D.C.: IBM Center for the Business of Government.

Dibble, M. P. (2006). Testing the statutory coherence hypothesis: The implementation of the Maritime Security Act of 1996. Master's thesis No. A026104. Monterey, CA: Naval Postgraduate School.

Grizzle, G. A., and Pettijohn, C. D. (2002). Implementing performance-based program budgeting: A system-dynamics perspective. *Public Administration Review*, *62*(1), 51-62.

Heinrich, C. J. (2012). How credible is the evidence, and does it matter? An analysis of the Program Assessment Rating Tool. *Public Administration Review*, *72*(1), 123-134.

Hijal-Moghrabi, I. (2017). The current practice of performance-based budgeting in the largest U.S. cities: An innovation theory perspective. *Public Performance & Management Review*, *40*(4), 652-675.

Hou, Y., Lunsford, R. S., Sides, K. C., and Jones, K. A. (2011). State performance-based budgeting in boom and bust years: An analytical framework and survey of the states. *Public Administration Review*, *71*(3), 370-388.

Joyce, P. G. (2011). The Obama administration and PBB: Building on the legacy of federal performance-informed budgeting? *Public Administration Review*, *71*(3), 356-367.

Juvenile Justice Geography, Policy, Practice and Statistics (JJGPS), Louisiana. (2018). Accessed on April 30, 2018 at: www.jjgps.org/juvenile-justice-services/louisiana.

Juvenile Justice Geography, Policy, Practice and Statistics (JJGPS), Utah. (2018). Accessed on April 30, 2018 at: www.jjgps.org/juvenile-justice-services/utah.

Kasdin, S. (2010). Reinventing reforms: How to improve program management using performance measures. Really. *Public Budgeting & Finance*, *30*(3), 51-78.

Labinot, D. (2017). What can performance information do to legislators? A budget-decision experiment with legislators. *Public Administration Review*, *77*(3), 366-379.

Lauth, T. P. (1985). Performance evaluation in the Georgia budgetary process. *Public Budgeting & Finance*, *5*(1), 67-82.

Lu, Y. (2011). Individual engagement to collective participation: The dynamics of participation pattern in performance budgeting. *Public Budgeting & Finance*, *31*(2), 79-98.

Lu, Y. Mohr, Z., and Ho, A. T. (2015). Taking stock: Assessing and improving performance budgeting theory and practice. *Public Performance & Management Review*, *38*(3), 426-458.

Lu, Y., Willoughby, K., and Arnett, S. (2011). Performance budgeting in the American states: What's law got to do with it? *State and Local Government Review*, 43(2), 79-94.

———. (2009). Legislating results: Examining the legal foundations of PBB systems in the states. *Public Performance & Management Review*, *33*(2), 266-287.

Mauro, S. G., Cinquini, L., and Grossi, G. (2017). Insights into performance-based budgeting in the public sector: A literature review and a research agenda. *Public Management Review*, *19*(7), 911-931.

Mazmanian, D. A., and Sabatier, P. A. (1989). *Implementation and public policy*. Lanham, MD: University Press of America.

McFarlane, D. R. (1989). Testing the statutory coherence hypothesis: The implementation of federal family planning policy in the states. *Administration & Society*, 20(4), 395-422.

Moynihan, D. P. (2015). Uncovering the circumstances of performance information use findings from an experiment. *Public Performance & Management Review*, *39*(1), 33-57.

———. (2008). *The dynamics of performance management: Constructing information and reform*. Washington, D.C.: Georgetown University Press.

Moynihan, D. P., and Kroll, A. (2016). Performance management routines that work? An early assessment of the GPRA Modernization Act. *Public Administration Review*, 76(2), 314-323.

Moynihan, D. P., and Lavertu, S. (2012). Does involvement in performance management routines encourage performance information use? Evaluating GPRA and PART. *Public Administration Review*, 72(4), 592-602.

Norcross, E., and Gonzalez, O. (2017). Ranking the states by fiscal condition. July. Mercatus Research, Mercatus Center at George Mason University, Arlington, Virginia. Accessed on April 30, 2018 at: www.mercatus.org/statefiscalrankings.

Office of Juvenile Justice and Delinquency Prevention Statistical Briefing Book. (2018). Released on March 27, 2018. Accessed on April 30, 2018 at: www. ojjdp. gov / ojstatbb / structure_process/qa04205.asp? qaDate=2016.

Pitsvada, B., and LoStracco, F. (2002). Performance budgeting—The next budgetary answer. But what is the question? *Journal of Public Budgeting, Accounting & Financial Management*, *14*(1), 53-73.

Posner, P. L., and Fantone, D. M. (2007). Assessing federal program performance: Observations on the U.S. Office of Management and Budget's Program Assessment Rating Tool and its use in the budget process. *Public Performance & Management Review*, *30*(3), 351-368.

Radin, B. A. (2006). *Challenging the performance movement: Accountability, complexity and democratic values*. Washington, D.C.: Georgetown University Press.

Redburn, F. S., and Newcomer, K. (2008). *Achieving real improvement in program performance and policy outcomes: The next frontier*. Washington, D.C.: National Academy of Public Administration.

Schroder, J. M. (2018). Budget plan once again misses opportunity for true reform and savings. Louisiana State Treasurer Press Release, January 23. Accessed on April 30, 2018 at: www. treasury. state. la. us / budget−plan−once−again−misses−opportunity−fortrue−reform−and−savings/.

Shah, A., and Shen, C. (2012). *A primer on performance budgeting.* Washington, D.C.: The World Bank. Accessed on April 30, 2018 at: http://siteresources.worldbank.org/PSGLP/Resources/ShahandShenpaper.pdf.

Wang, X. (2002). Assessing performance measurement impact: A study of U.S. local governments. *Public Performance & Management Review, 26*(1), 26−43.

Wildavsky, A. (1964). *The politics of the budgetary process.* Boston, MA: Little Brown.

Willoughby, K., and Benson, P. (2011). Program evaluation, performance budgeting and PART: The U.S. federal government experience. International Studies Program, Georgia State University, Working Paper 11−12 (May). Accessed on April 30, 2018 at: http://icepp.gsu.edu/files/2015/03/ispwp1112.pdf.

第6章 预算执行阶段的绩效预算

引言

预算执行阶段的绩效预算，与其他阶段的重要流程不同。预算执行是贯穿全年的，对于为贯彻政府活动、项目和服务而进行的绩效测量和跟踪而言，是十分重要的。机构和部门的领导、管理人员和工作人员，必须保障其规划的预算和绩效有效执行，以确保（政府活动）持续开展。本章介绍政府如何在预算执行期间参与绩效预算。在计划实施期间，绩效信息如何用于管理预算？本章通过对州青少年司法管理人员的在线调查，以及对按照法律规定要求进行某种绩效预算的某些州之访谈，比较了在预算流程这一阶段所实施的绩效预算。

6.1 关于预算执行阶段绩效数据使用的既有研究

在某些方面，实施预算或预算执行可以作为参与绩效预算的"乐土"。既有文献表明，在预算执行中访问绩效系统并使用绩效指标，是一个重要但研究尚少的领域。Lu、Mohr和Ho（2015）发现，2002年至2011年间发表的关于公共绩效预算的文章中，有近1/3（29%）研究了绩效系统对于预算执行或在预算执行中产生的影响。根据Joyce（2003）的观点，在预算流程的每个阶段都有使用绩效信息的机会，预算执行阶段在很多层面为绩效预算的应用提供了肥沃的土壤。

首先，各机构负责执行核定的预算，它们是各种预算活动的关键——这些机构包括预算制定者、实施者，以及（承担）法定责任、活动和职能的顾问和报告者。机构对绩效信息的使用，通常被认为与管理层相关。例如，"使用绩效数据是现代化法案的一个明确目标，这一目标在以前的（美国）联邦政府改革中未能实现"（Moynihan and Kroll，2016，p.314）。对我们而言，任何对绩效预算的理解，都必须包括对使用绩效数据的机构管理行为的理解。我们将预算执行视为绩效预算和绩效管理相结合的可能方案。后者的发展改善了前者。

其次，机构的管理者享有自由裁量权。虽然存在与机构规划有关的立法，通常在规定责任方面往往很宽泛，但即使是非常具体的法律，也无法提供机构行动指南并反映所有可能的细节。根据既有的方案设计或基于必要性，管理层享有自由裁量权，并对预算有影响。Joyce（2003，p.4）指出，"在预算成为法律之后，各机构试图利用它们在分配资源方面的自由裁量权最大限度地提高绩效。"他由此得出了结论："所以，预算执行是关于资源分配的。"（Joyce，2003，p.29）问题是：绩效信息在哪些方面被用于预算和管理？

最后，预算执行提供了一个更适合观察预算中使用绩效信息的阶段，譬如：（1）机构管理人员可能比政治家更关心绩效；（2）管理人员关于其代理行为的决定，与更加同质的服务类型和运营效率有关，它允许以更加"苹果到苹果"（apple to apple）的方式比较绩效，而不是通常评估政府范围内资源分配决策的"苹果到橙子"（apple to orange）的方式。①简而言之，预算执行阶段可能为绩效预算的"落地"或付诸实践提供最大可能性。那么，各州如何在预算执行阶段进一步地理解和认识绩效数据呢？

---

①　这是一个常见的俚语，"苹果到苹果"通常指的是同类可比较者，而"苹果到橙子"指的是普遍认为不可比较或存在明显差异的二者——译者注。

6.2 在线调查结果显示，绩效数据被广泛应用于预算执行过程

6.2.1 预算执行中绩效指标的使用

表6-1是我们对州青少年司法官员的在线调查结果，它表明在预算执行中司法官员相当广泛地使用了绩效信息。所有项目的平均分数为3.23分——平均而言，青少年司法机构官员表示，对所有项目使用绩效衡量标准的次数，比"有时"（sometimes）的程度要多，但也不至于"常常"（often）。有趣的是，有8个项目表明，绩效指标的应用比起"有时"，更接近于"常常"（平均值大于3.5分），并且这些官员有时（甚至更多地）使用绩效指标来处理近70%的项目。对于任何项目，绩效指标的平均使用率都不会下降到"从不"。在大多数情况下，这些机构使用这些指标来遵守绩效报告要求，要求并追踪绩效数据。这些结果支持了我们的观点和既有研究，即预算执行为管理人员进行（绩效）测量提供了极其广阔的前景，并且考虑了管理跨度和预算活动。

表6-1　州青少年司法机构司法官员在预算执行阶段的绩效数据使用

检查贵机构的绩效指标在多大程度上用于以下目的	观测值	平均值*	标准差
遵守绩效报告要求	21	4.33	0.80
追踪绩效数据	21	4.19	0.98
监控成本和绩效	21	3.90	1.18
检测基准数据	21	3.71	1.15
沟通绩效期望	21	3.67	1.35
在机构下属各单位之间分配资金	21	3.57	1.47
支持支出灵活性以实现战略重点	21	3.52	1.03
与利益相关者沟通绩效结果	21	3.52	1.17
在区域（地方）办事处之间分配资金	20	3.40	1.35
根据绩效重新分配员工	20	2.50	1.32
识别成功标准并确定机构奖励	21	2.48	1.21
提供绩效工资	21	1.67	1.02
确定薪资增长	21	1.48	0.68
预算执行的总体平均值：3.23			

*等级：1=从不；2=偶尔；3=有时；4=经常；5=总是。

6.2.2 共同承诺和绩效指标的使用

接下来，我们将考察测量之应用与主要利益相关者共同承诺的关联。表6-2显示了青少年司法官员使用预算执行情况指标的相关性，以及他们对该过程中其他利益相关方采纳指标承诺的看法。当然，结果很明显，所有利益相关者都在预算执行期间参考绩效指标的情况。最为明显的是，青少年司法管理人员向利益相关者传达绩效结果的指标，最显著正相关——11个利益相关者中有9个证实了这种正相关性。管理人员对指标的使用与众多利益相关者正相关，专门用于合规性报告，以追踪绩效和基准数据。最后需要注意的是，虽然这些管理人员很少使用绩效指标来确定（薪酬）增长情况，但这与他们对于其客户（接受服务的青少年和家庭）对绩效系统之承诺的看法，有着积极而显著的关联。这证明了（绩效指标的使用）与机构工作人员和计划人员（可能从这种应用中受益），以及与一般公众和支持者（提供有关服务和项目的反馈）存在着明确且显著的正相关性。或者，青少年司法管理人员在区域和（或）地方办事处之间分配资金的可能性较高，这表明（绩效指标的使用）只与机构领导有轻微的负相关关系，尽管这种关系仅在0.10的概率水平下显著。

6.2.3 测量质量和绩效指标的使用

接下来，我们向青少年司法官员了解与绩效测量质量有关陈述的一致程度，然后将其在预算执行阶段与绩效指标的使用联系起来（见表6-3）。很明显，这些管理人员在预算执行中使用绩效指标的程度，与测量的质量正相关。与上述结果类似，这些管理人员使用的指标主要以合规性（满足绩效报告要求）、追踪绩效和沟通绩效结果为主。对于利益相关者而言，高度显著的正相关关系，将管理人员对这三项活动的指标与对数据的信任联系起来，使绩效系统得以实现。数据收集的容易程度，与这一预算阶段指标的大多数用途相关，以下活动证明了这种高度正相关关系（尽管前两项达到0.01的显著性水平，而其余项目仅达到0.10的显著性水平）：

- 支持支出灵活性，以实现战略重点
- 根据绩效重新分配员工

- 沟通绩效期望

- 确定薪资增长

- 提供绩效工资

- 识别计划成功标准并确定机构奖励

- 追踪绩效数据

表 6-2　　　　　　　　预算执行阶段共同承诺与绩效信息使用的相关性

	遵守绩效报告要求	追踪绩效数据	检测基准数据	沟通预期绩效结果	与利益相关者沟通绩效结果	在区域/地方办事处之间分配资金	根据绩效重新分配员工	确定薪资增长
平均使用指标数量	4.33	4.19	3.71	3.67	3.52	3.4	2.5	1.48
机构领导者	0.50**				0.70***	−0.45*		
机构管理人员	0.49**	0.49**			0.82***			
机构工作人员/计划人员	0.50**	0.55**	0.38*		0.48**			0.50**
州长	0.43*	0.44**	0.51**		0.66***			
中央/行政预算办公室		0.44**	0.56***		0.51**			
议会		0.53**	0.60***	0.46**	0.47**		0.44*	
立法预算办公室	0.45**	0.63***	0.72***		0.53**		0.43*	
审计人员/审计办公室	0.49**	0.64***	0.54***		0.50**		0.40*	
接受服务的青少年和家庭成员								0.81***
一般公众								0.57***
支持者		0.40*	0.40*		0.45*			0.47**

注：***、**、*分别代表在1%、5%、10%的水平下显著。关于绩效测量的以下用途，与利益相关者的承诺无关，因此没有报告：

- 监测成本和绩效

- 在机构下属单位之间分配资金

- 支持支出灵活性，以实现战略重点

- 识别成功并确定机构奖励

- 提供绩效工资

表6-3　　　　　　预算执行阶段测量质量与绩效信息使用的相关性

	遵守绩效报告要求	追踪绩效数据	检测基准数据	沟通预期绩效结果	与利益相关者沟通绩效结果	在区域/地方办事处之间分配资金	根据绩效重新分配员工	识别计划成功标准并确定机构奖励	提供绩效工资	确定薪资增长
测量使用的均值	4.33	4.19	3.71	3.67	3.52	3.52	2.5	2.48	1.67	1.48
我们的绩效指标与社会福利相关	0.57***	0.60***	0.52**			0.69***				
我们会定期检查绩效指标的适当性	0.53**	0.52**				0.59**				
我们有充足的资源来编制绩效衡量标准	0.55***									
我们很容易收集绩效数据		0.38*		0.43*	0.58***		0.57***	0.39*	0.40*	0.41*
我们使用多种指标来评估各种计划成果		0.52**				0.53**				
我对绩效评估的看法受到其他人的重视	0.55**	0.72***		0.41*		0.60***				
我们的机构有明确的、可衡量的目标	0.59***					0.42*				

注：***、**、*分别代表在1%、5%、10%的水平下显著。用于监控成本和绩效、在机构下属各单位之间分配资金，以及在区域办事处之间分配资金的绩效指标与测量质量无关，也未报告。

6.2.4　运营整合和绩效测量的使用

表6-4提供了将工作人员在预算执行阶段使用绩效指标，与业务整合功能相关联的结果。结果显示，管理人员使用合规性、跟踪和传达（结果）指标的

表 6-4　　　　预算执行阶段运营整合与绩效信息使用的相互关系

	遵守绩效报告要求	追踪绩效数据	监控成本和绩效	检测基准数据	传达绩效期望值	在机构下属各单位之间分配资金	支持支出灵活性以实现战略重点	与利益相关者沟通绩效结果	根据绩效重新分配员工	识别计划成功标准并确定机构奖励	提供绩效工资	确定薪资增长
测量使用的均值	4.33	4.19	3.9	3.71	3.67	3.57	3.52	3.52	2.5	2.48	1.67	1.48
我们使用绩效数据来监控战略计划的实施		0.54***						0.68***		0.38*		
我们使用绩效测量来定期调整战略计划		0.47**						0.56***		0.50**		
我们是一个数据驱动的机构	0.67***	0.57***						0.62***				
评估绩效结果有助于我们作出更好的决策	0.44**	0.57***						0.70***				
评估绩效结果有助于我们更好地履行使命	0.60***	0.54***						0.86***				
我们使用绩效数据来判别项目成功与否					0.48**	0.49**	0.46**		0.43*	0.85***	0.55**	0.47**
我们的代理机构有一定的预算灵活性，可以转移资金		0.45**						0.66***				
为满足服务需求，我们的机构运营预算非常紧张				0.45**		0.49**				0.57***		
我们的机构在确定人事问题方面具有一定的灵活性	0.69***	0.73***						0.59***				
我们定期召开有关绩效进展的会议	0.73***	0.51**						0.52**				
我们定期收到有关项目效果的反馈	0.67***	0.52**	0.41*		0.42*			0.49**				
我们机构的组织结构适合使用绩效指标	0.62***							0.48**				

注：***、**、*分别代表在1%、5%、10%的水平下显著。在区域办事处之间分配资金与任何测量特征无关，也未报告。

数量，显著地与机构运营的众多相关功能正相关。指标的两种用途（用于追踪绩效数据，并与利益相关者沟通绩效结果），与所列出的最可操作的整合功能（10个中的8个）密切相关。此外，测量绩效结果的指标使用，与管理人员的认同密切相关，评估绩效结果有助于更好地履行代理使命。管理人员同意使用绩效数据来识别计划成功与否并确定机构激励，与预算流程的这一阶段所列指标的大多数用途显著正相关。机构运营整合的这一特征，与管理人员使用绩效指标以识别计划成功和确定机构奖励密切相关。但是，该特征与绩效指标的以下用途也是适当且正相关的：

- 提供绩效工资
- 在机构下属单位之间分配资金
- 沟通绩效期望
- 确定薪资增长
- 支持支出灵活性，以实现战略重点
- 根据绩效重新分配员工

6.3 州青少年司法官员实时解释绩效预算

6.3.1 爱达荷州的案例

我们对爱达荷州的在线调查结果表明，该州在预算执行阶段对绩效信息的平均使用得分为4.4分（满分5.0分），这是收到的共计21份答复中的最高平均值。这些调查结果表明，爱达荷州的青少年司法机构通常在预算执行期间使用绩效指标。我们十分关注爱达荷州，因为该州拥有全面的绩效预算法，得分为8分（参见第2章表2-3和表2-4），它由综合性、发生率和问责制等部分组成。法典出于以下目的，提出了收集州机构计划和绩效信息的要求：

- 细化执行机构对公民和立法者的责任
- 提高评估和监督机构绩效方面的立法能力
- 协助立法机构制定政策和进行预算决策
- 提高执行机构改进管理和服务的能力，并衡量项目的有效性

特别是第一个和最后一个要求，规定在预算执行期间广泛使用绩效信息。法律中包括若干利益相关者——联合立法监督委员会、财务管理执行部门、州长和执行机构。需要产生的信息包括"关于计划的组织和管理、计划执行以及实现计划目标"的报告，年度绩效计划的进展情况报告将纳入预算执行。法律还定义了各种指标，包括基准、目的、目标和绩效指标。基准的定义是具体的：

基准或绩效目标是指机构针对特定绩效指标的预期、计划或预期结果。这

些信息可能来自公认的行业标准，也可能来自机构对影响绩效能力之情形的具体研究、调研和（或）分析。

州层面所定义的绩效指标为"一个机构在实现其目标方面所取得进展的量化指标"。（见爱达荷州法规（Idaho Statutes）第67编，第4章，第67-457节至第67-464节（1993）；第67编，第19章，第67-1918节和第1509款（1994）和第67-1901-1905节（2005）；第67编，第35章，第67-3502节（1995）和67-3507节（1999））

爱达荷州的信用评级从2011年的AA级，上升到了现在的AA+级。（该州）排在第9位，在整体财政运行方面都高于平均水平，并且长期和短期财政表现均为优秀（Norcross and Gonzalez，2017）。除服务偿付能力外，该州的所有财政指标均高于全国平均水平。其长期和预算偿付能力分别排在第5位和第6位。现金和信托基金的偿付能力分别排在第10位和第13位，爱达荷州的服务偿付能力排名低于平均水平（第33位），将政府的税收、收入和支出与州个人收入进行比较会发现，平均来说爱达荷州与其他州相比税负更高。爱达荷州优秀的财政表现，也体现在2011年至2016年实际美元的总体收入增长趋势为20.5%（从25亿美元到31亿美元）。在同一时期，该州的青少年惩戒部门（DJC）实际美元的总收入增长了15.0%（从3 040万美元增长到3 490万美元）。青少年惩戒部门的总收入占州财政收入的1.1%；2012年，该部门的份额略有增长，达到1.3%，但此后一直在下降。

青少年司法（制度）在爱达荷州当地实施，州支持将整体服务、拘留、缓刑和重返社会者下放到社区（JJGPS，Idaho，2018）。该州青少年司法制度的目的条款可归因于一种发展的路径，它要求使用基于证据的青少年司法程序和服务实践（OJJDP Statistical Briefing Book，2018）。只有5个州赞成这种说法，分别是爱达荷州、佛罗里达州、肯塔基州、新墨西哥州和西弗吉尼亚州。

我们在爱达荷州的联系人解释说，DJC中的绩效指标已经发生了变化，过去一直关注像再犯罪率这样的指标，现在则探讨那些获得积极的结果指标，例如毕业率、就业能力和教育程度，并"寻找不仅与系统内部改进相关，也寻找与项目结果外部评价相关的指标"。该部门设置了许多基于证据的指标，并分析研究来自智库——绩效标准研究机构——的规则和指标，以便为计划提供信息。"服务质量改善处"是2002年在该部门内设立的一个办公室,它构建的数据和报告并非"预先生成",而是仅包含与爱达荷州系统相关的信息——州的计划和正在照管中的青少年。例如,指标用于项目评估和确定战略前进方向:

我们正在重新定义如何在两个设施中使用这一程序。希望利用这两项研究提出一个有意义的前进方向。我们在一年前就开始了这个过程,(已经持续了)六个月到一年的时间。在我们得出结论之后,将对所拥有的三个设施进行长达一年的评估。

少年惩戒部门对管理与预算决策进行了持续的指标评估。"我们有时会每天查看100次绩效指标。我们时刻都知道我们的人口数量……试图在对话中掌握指标和结果。"此外,还要讨论不同的指标,以便制定管理和预算决策,"以确定如何分配资金,在各项计划之间调剂资金"。我们的联系人在爱达荷州提供了许多绩效管理和预算编制的案例。

• **通过沟通绩效来制定未来的战略**:我们继续在领导团队(包括来自各部门的代表)中讨论的事情之一,就是羁押时间——多长时间是适当的,最佳实践是什么?确实没有最佳实践,但是我们检查了这个指标的所有细节。我们一直在关注这个指标,孩子们被照管的时间达到所要求的长度了吗?他们被照管的时间太长了吗?我们不断评估这一指标,考虑它有何意义,以及它是否有助于达到我们预想的目标。

• **为了获得更好的绩效**:(签约者)必须报告正在发生的孩子们的事情。当我们进行规则审查时,我们关注孩子们的积极成果。如果签约者不遵守合同,我们将不会继续在那里安置更多的孩子;如果他们达不到要求,我们会推迟他们参与计划。这没有讨价还价的余地。我们不想以任何方式公开,如果他们不遵守规则,会给他们机会来纠正违规行为,但如果存在安全和保障问题,我们则会去挽救孩子们。但是,如果签约者不遵守协议,我们就会制订行动计划来加以推进——我们一起工作以便满足相关要求。

• **激励**:在我们的战略计划中创建了级联目标(cascading goals),(最低一级关联到)整个部门每位成员的个人绩效目标。重要的是这些指标是相关的,因为它层层考查个人的绩效或是绩效改进情况。今年,我们将指标提高

3%。当州政府有资金时，会分配给员工。但是，如果我们的期望无法达成，就没有加薪。那些得到过好评的人，确实会得到更多。我们奖励优异（的表现）。这种做法对全州的人力资源工作都适用。

● **实现成本节约**：我们使用不同级别的绩效指标来制定预算决策，确定如何分配资金、跨项目调剂资金。我们进行年终分析，观察通胀效应等。在这个财年内，审查了一些围绕医疗支出的绩效指标，并针对一些医疗服务重新谈判（以减少这些月度费用）。

● **验证增加资金的需求，以解决管理问题**：帮助我们改进的一项指标是人员审核（和）薪资增长。我们开始对此进行调查后发现，大多数基层员工的流动率为33%（趋向于42%）；高层员工为18%至25%。通过检查指标并解决这一人事问题，我们在一年内将该指标降至个位数。

● **重新投资方向**：跟踪（绩效）和节省工资的结果，意味着我们将有40 000美元用于人员（培养）。这非常成功。在使用指标作出管理决策方面，过去人们有可能选择积累休假时间或是要求支付工资。但我们关闭了支付工资的选项；追踪绩效测量（结果），使我们一年节省了600 000美元的工资，这个决定是在财年的中期（1月之后）作出的。我们所节约的资金落在了员工的口袋中，以降低人员离职率。

在爱达荷州，具有远见的立法机构支持青少年司法惩戒部门以绩效指标为导向。受访者表示："我们的立法者非常注重绩效，特别是在青少年司法中。"州与研究机构、基金会和专家一道帮助立法者加快推动了青少年司法中的循证实践，以产生更好的结果。随后，立法者保持数据的即时性和透明性，是部门成功的关键。"这是与立法服务部门建立深度合作的第一年，更多的是团队介入。立法服务部门在幕后花了很多时间与我们一起努力。"《爱达荷州立法预算手册》（the Idaho Legislative Budget Book）展示了州机构在线提出预算要求系统。该手册由立法服务办公室（2018，p.2）编写，"是参议院财政委员会和众议院拨款委员会在制定爱达荷州预算时使用的主要参考文件"。2019财年的手册对青少年司法惩戒部门的回顾表明，部门"要求"与其正在采取的指标相关，该指标旨在为员工提供工资，以应对离职率并提高数据质量（见图6-1）。

青少年司法惩戒部门				分析员：Hoskins
决策预算单位	FTP	总额	专用	联邦	总计
5.讲师薪酬－第二阶段（共三个阶段）					机构

该部门为其教师的薪资增长计划中第二阶段的一般基金维持人事费提出了89 500美元的申请。2018财年，该部门从一般基金中再度增加了484 100美元的人事费用，以向教师提供与公立学校教师相当的加薪。实际的金额从原先要求的金额向下调整，计入3%的CEC[①]。虽然来自州青少年司法惩戒部门的教师和在学校工作的教师之间存在差异，他们的教育对象不同，但教育部门根据教育水平、教学年限、既有成就和额外费用，依需求安排了指导教师。该机构有48名讲师级专家和3名助教。该部门初步估计，该提案的总成本将在3年内达到1 185 700美元（2018财年为558 200美元，2019财年为308 400美元，2020财年为319 100美元）。现在，该部门估计2019财年第二阶段将耗资89 500美元，而第三阶段将在2020财年耗资317 000美元。

机构需求	0.00	89 500	0	0	89 500
管理人员建议增加教师薪酬的资金。但是，该建议已向下调整为占CEC的3%					
管理人员建议	0.00	15 700	0	0	15 700
6.记录项目经理					管理人员

该部门要求一般基金提供1.00 FTP[②]和81 700美元，以聘请记录项目经理，来开发和管理该部门的记录管理项目。在所要求的总额中，70 500美元用于支付工资和福利等人事费用；10 000美元用于旅行和培训的持续运营支出；笔记本电脑和扩展坞[③]的一次性资本支出为1 200美元。该部门目前有一个只包含电子邮件的记录管理程序。目标是扩展程序，以包括所有部门记录的保存。这需要制定信息管理文件并确定流程，以确保遵守爱达荷州技术管理局的政策和准则。除其他事项外，该职位还将负责为新员工和现有员工开发和提供将记录管理纳入其工作的定期相关培训；作为记录中心经理和爱达荷州档案管理人员的联络员；促进战略计划和绩效评估报告的变更；维持和监测成果绩效衡量标准，确保该部门的记录管理政策和程序符合爱达荷州法规、行政规定和联邦法规。

机构需求	1.00	81 700	0	0	81 700
管理人员不予推荐					
管理人员建议	0.00	0	0	0	0

图6-1 爱达荷州青少年司法惩戒部门2019财年的预算需求

Source：Idaho 2018 Legislative Budget Book，Fiscal Year 2019，Legislative Services Office，Budget and Policy Analysis，Second Regular Session，64th Legislature，p. 3-82. Accessed on April 30，2018 at：https：//legislature.idaho.gov/wp-content/uploads/budget/publications/Legislative-Budget-Book/2018/Legislative%20Budget%20Book.pdf.

---

① CEC，change in employee compensation，员工变动费，指的是由各州的雇员调动或离职引起的薪酬水平、结构和相关福利费调整所导致的预算调整——译者注。

② FTP，full-time equivalent positions，等效全职职位。当涉及不同的时间或工作小时数时，FTP是计算等效职位数的一种方法。例如，使用两个半日制职位的项目与使用一个全职职位的项目具有相同的人员需求，这两个项目都是1.00 FTP，尽管前者将雇用两个人。所有列入预算的长期全职和长期兼职职位（包括有限的服务职位），都将列入FTP计数。季节性雇用、临时雇用、加班或其他类型职位不列入FTP计数——译者注。

③ 扩展坞（docking station），是专为笔记本电脑设计的一种外置设备，通过复制甚至扩展笔记本电脑的端口，可使笔记本电脑与多个配件或外置设备进行方便的一站式连接——译者注。

该部门面临的最大挑战是数据质量。如前所述，爱达荷青少年司法项目在当地运营，有44个县和115个学区向该州提供数据。我们的联系人解释说："每个人各司其职，但数据的产生和收集却缺乏统一性。"例如，同时涉及儿童保护和心理健康等若干项目的青少年被称为具有"交叉性"（crossover），因为涉及多个系统。有交叉性的青少年的定义和收集该指标数据的方法，在各县之间是不同的。如果没有标准的指标定义，（也不了解）不同地方关于数据收集的能力，那么辨别数据准确性的能力就会受到影响。

6.3.2 亚利桑那州的案例

亚利桑那州与爱达荷州提供了良好的可对比的数据。亚利桑那州有适度的综合绩效预算法；得分为6分（见第2章表2-3和表2-4），并规定了由战略规划和预算办公室、联合立法预算委员会共同制定的绩效指标，并被纳入机构预算文件和运作计划。立法包括综合性、发生率和问责制三个方面的内容。在财政方面，该州的信用评级为AA级，高于2014年的AA-级。亚利桑那州在财政健康方面排名第33位，或者说低于平均水平（Norcross and Gonzalez，2017）。该州的预算和信托基金偿付能力均高于全国平均水平，但在服务、长期和现金偿付能力方面低于全国平均水平。亚利桑那州的财政运行状况表现，最糟糕的是其支付短期票据的能力——在现金偿付能力方面排名第44位。

在青少年司法组织和运作方面，实行由州管理重返社会者和青少年监狱的政策。总体而言，拘留和缓刑服务在当地进行（JJGPS，Arizona，2018）。我们在亚利桑那州的联系人解释说，该州的DJC经营着州少年监狱，涉及最复杂、最困难的青少年案件。各县在当地提供青少年司法服务，并与该部门的其他工作相分离。亚利桑那州和北达科他州是仅有的两个没有青少年司法系统条款的州。

根据我们的了解，持续改进局（the Continuous Improvement Bureau）收集了该部门的绩效和预算数据，2017年是州长精益计划的一部分，该计划用计分卡（scorecard）取代了基于绩效的指标（performance-based measure）。

旧系统包括更多指标，但每年只检查一次。我们去年使用的精益系统，要求每月收集一些指标，并进行月度审核。因此，如果10月份出现问题，我们将在11月份了解相关信息。我们收集的指标较少，但会更频繁。

然而，在预算编制期间运用指标，似乎只是一种形式。我们的联系人解释说，"作为一个州机构，我们需要提交预算和绩效指标，并制订年度战略计划。如果没有提交指标和计划，就不会获拨预算资金。"Douglas Ducey 州长的 2019 财年执行预算中，青少年司法惩戒部的绩效测量指标（《亚利桑那州执行预算》，2019财年，p.225）包括"参与教育或就业活动的假释青少年百分比"指标之2016年和2017年的实际数据，以及2018年和2019年的估计数。州青少年监狱的每日平均人数数据显示，从2008财年的约600人降至2017财年的不到200人，这一数字下降了67%。

实际上，指标和绩效评估主要发生在亚利桑那州的预算执行和青少年司法中——指标对于实时捕捉问题、管理并解决问题是非常重要的。根据我们的了解，计分卡"数据（现在每月收集和评估）将比以前每年加以考量的做法更有帮助。州长办公室要求每个机构确定如何解决问题或传达每月评估报告所显示的问题"。联系人认识到，绩效和资金并没有真正联系起来。州财政趋势使人们相信了这一点。亚利桑那州的一般基金从2011年到2016年以实际美元增长了4.2%（从206亿美元增加到214亿美元）；在同一时期，DJC一般基金收入下降了54.1%（从4 830万美元降至2 220万美元）。DJC预算在2011年占该州一般基金预算的0.2%，到2016年降至0.1%。持续改进"与我们是否有钱之间，并不相关。我们只能做好自己能做的一切，以解决数据暴露出来的问题"。以下提供了部门关注"绝对可释放"（absolute discharge）指标的示例。所提出的对青少年全面安全的照管，由多学科团队进行评估并口头申请，然后其进展情况会被审核，以证明完全符合要求；如果这样的评估（通过了），就可以建议年轻人达到绝对可释放状态。然后，在达到一定年龄后，该青少年的记录将被删除。"通过专注于绝对可释放，我们简化了流程，删除了不必要或重复的步骤。"

至少对于这个部门而言，对指标的协作性和持续性评估，使其变得更加灵活，可以考虑将指标分为目标（targets）、维持（maintenance）指标和淘汰（retirement）指标。"一旦指标达到稳定，并且不会发生进一步的改善，它就被称为维持指标，然后考虑其他指标。如果指标始终符合或高于目标，我们就会将其淘汰。"重置目标的公式让每个人都保持警惕。指标设定是有目标和"跳跃点"（jumping off point，JOP）的，它们可能是上一年的月平均值。接着设定未来目标，以使JOP提高10%或20%。在实现目标方面，是没有任何规则的，但"必须向州长办公室证明，改进在持续进行，我们不能自满"。

虽然州长审查似乎仍在进行，但对数据的立法考虑是不透明的。当被问及立法者如何对提交给他们的部门数据作出反应时，联系人回答说："我希望他们能够找到有用的信息。"同时，该部门的存在本身就是基于对亚利桑那州的指标的强烈关注，这反映了该州与青少年司法相关联的发展趋势，联系人解释说，

由于我们的青少年系统（规模）变得越来越小，拘留设施因不需要而被关闭，而其他（的设施）没有得到充分利用，（依然）重要的是，我们展示了系统的深层发展结果，我们所做的就是进行改变，即我们提供的东西是有价值的。

6.4 结论

我们关于预算执行中绩效测量应用的调查结果，有助于将预算过程的这一阶段确认为施行绩效预算的肥沃土壤。结果表明，在这一预算阶段中，机构内外众多的利益相关者、跨部门和政府外部的共同承诺，与扩大使用预算和管理目的的指标有关。也就是说，青少年司法管理人员执行指标的使用，在统计上与其对参与预算过程的众多其他利益相关方之承诺的评估有关。我们还发现，在此阶段，管理人员对指标的使用，在统计上与其代理机构、绩效导向和系统相关的测量质量和运营整合功能有关。

在这个预算阶段，我们发现，非常强调使用从基本（合规报告）到更复杂（重新分配员工和奖励员工）活动的指标。能够找到遵守绩效报告要求的指标并加以运用，这并不奇怪。我们怀疑，大量使用绩效数据来满足青少年司法中的报告要求，可能部分是因为以绩效为导向的法律、行政命令和（或）机构以及其他立法要求的充分可用性。正如我们所观察到的，美国42个州都有这样

的规定。在青少年司法领域，有各种绩效报告工作。例如，绩效标准研究机构是一个成立于1995年的国家组织，它负责开发、收集和分析青少年司法绩效数据，该组织与30多个州的青少年司法机构和设施合作来开展研究，为实践提供信息。此外，州政府机构往往有自己的报告系统。我们知道，绩效指标很好地融入了佛罗里达州的预算体系中（见第4章）。除了在标准化项目评估协议实施过程中产生的绩效信息外，该州青少年司法部还在线提供广泛的非互动和互动的绩效报告。立法监督委员会通常也会定期进行具有数据报告要求的绩效评估。例如，康涅狄格州议会的青少年司法政策和监督委员会于2016年3月通过了基于结果的问责制实施计划（Schack，2016）。该委员会对一系列系统绩效指标进行了改进和报告。

　　我们的结果显示，此阶段的大量绩效信息用于跟踪和监控目的。同样，考虑到预算实施过程中对预算程序以及支出进度的日常关注，这并不奇怪。在此过程中，出于此目的而使用指标和众多利益相关者之间的联系表明，预算编制的透明度得到了提高——那些管理人员理解这对利益相关方的重要性，并在评估和公开追踪绩效进展、维护或淘汰指标方面保持领先地位。与先前的调查结果一致，跟踪和监控绩效可作为绩效信息的基础，用于更复杂的工作，诸如重新制定流程、重新编制人员或重新编制预算（Lu，2007）。

　　值得注意的是，在这个预算阶段，我们确实发现，绩效指标被更频繁地使用，以应对更为棘手的管理和预算目的，例如上面提到的那些。也就是说，这些管理人员表示，使用基准，可以传达绩效期望值和结果、支持支出灵活性，以及在机构各下属单位之间、区域和（或）当地办事处之间分配资金。正如Ho（2011）所主张的，使用绩效数据可在一个机构内部调整资源分配，绩效指标不仅仅是一种管理工具。使用指标来传达绩效期望值是有希望的，因为沟通是绩效整合的关键因素（Grizzle and Pettijohn，2002）。我们的结果表明了一种多层次的使用方式——从简单到复杂的多种用途，以及满足利益相关者承诺、测量质量与运营整合的用途。利益相关者的系统、指标和实践承诺越明确，就越有可能使用绩效指标，并可以满足从常规流程（合规性）到具体解释（机构之间的分配）之间各种连续性改进之目标。

参考文献

Bourdeaux, C. (2006). Do legislatures matter in budgetary reform? *Public Budgeting & Finance*, 26(1), 120-142.

Burns, R. C., and Lee, R. D., Jr. (2004). The ups and downs of state budget process reform: Experience of three decades. *Public Budgeting & Finance*, 24(3), 1-19.

Government Accountability Office (GAO). (2017). Managing for results: Further progress made in implementing GPRA Modernization Act, but additional actions needed to address pressing governance challenges. GAO-17-775. *Published* September 29, 2017. Accessed on April 30, 2018 at: www.gao.gov/assets/690/687508.pdf.

——. (2015). Managing for results: Implementation of GPRA Modernization Act has yielded mixed progress in addressing pressing governance challenges. GAO-15-819. *Published* September 30, 2015. Accessed on April 30, 2018 at: www.gao.gov/assets/680/672862.pdf.

——. (2011). Government Performance: GPRA Modernization Act provides opportunities to help address fiscal, performance, and management challenges. GAO-11-466T. *Published* March 16, 2011. Accessed on April 30, 2018 at: www. gao. gov / assets / 130 / 125777.pdf.

Grizzle, G. A., and Pettijohn, C. D. (2002). Implementing performance-based program budgeting: A system-dynamics perspective. *Public Administration Review*, 62(1), 51-62.

Ho, A. T. (2011). PBB in American local governments: It's more than a management tool. *Public Administration Review*, 7(3), 391-401.

Hou, Y., Lunsford, R. S., Sides, K. C., and Jones, K. A. (2011). State performance-based budgeting in boom and bust years: An analytical framework and survey of the states. *Public Administration Review*, 71(3), 370-388.

Idaho Legislative Services Office. (2018). Legislative Budget Book. Accessed on April 30, 2018 at: https://legislature.idaho.gov/lso/bpa/pubs/.

Joyce, P. G. (2003). Linking performance and budgeting: Opportunities in the federal budget process. Washington, D.C.: IBM Center for the Business of Government. Accessed on April 30, 2018 at: www.businessofgovernment.org/sites/default/files/Performanceand-Budgeting.pdf.

——. (1993). Using performance measures for federal budgeting: Proposals and prospects. *Public Budgeting & Finance*, 13(4), 3-17.

Juvenile Justice Geography, Policy, Practice and Statistics (JJGPS), Arizona. (2018). Accessed on April 30, 2018 at: www.jjgps.org/juvenile-justice-services/arizona.

Juvenile Justice Geography, Policy, Practice and Statistics (JJGPS), Idaho. (2018). Accessed on April 30, 2018 at: www.jjgps.org/juvenile-justice-services/idaho.

Kelly, J. M. (2003). The long view: Lasting (and fleeting) reforms in public budgeting in the twentieth century. *Journal of Public Budgeting, Accounting & Financial Management*, 15 (2), 309-326.

Lee, R. D., Jr. (1997). A quarter century of state budgeting practices. *Public Administration*

Review, *57*(2), 133−140.

———. (1991). Developments in state budgeting: Trends of two decades. *Public Administration Review*, *51*(3), 254−262.

Lee, R. D., Jr., and Burns, R. C. (2000). Performance measurement in state budgeting: Advancement and backsliding from 1990 to 1995. *Public Budgeting & Finance*, *20*(1), 38−54.

Lee, R. D., Jr., and Staffeldt, R. (1977). Executive and legislative use of policy analysis in the state budgeting process: Survey results. *Policy Analysis*, *3*(3), 395−405.

Lu, Y. (2008). Managing the design of performance measures: The role of agencies. *Public Performance & Management Review*, *32*(1), 7−24.

———. (2007). Performance budgeting: The perspective of state agencies. *Public Budgeting & Finance*, *27*(4), 1−17.

Lu, Y. Mohr, Z., and Ho, A. T. (2015). Taking stock: Assessing and improving performance budgeting theory and practice. *Public Performance & Management Review*, *38*(3), 426−458.

Moynihan, D. P. (2008). *The Dynamics of Performance Management: Constructing Information and Reform*. Washington, D.C.: Georgetown University Press.

Moynihan, D. P., and Kroll, A. (2016). Performance management routines that work? An early assessment of the GPRA Modernization Act. *Public Administration Review*, *76*(2), 314−323.

National Association of State Budget Officers (NASBO). (2015). Budgetary processes in the states. (Spring). Accessed on March 2, 2017 at: www.nasbo.org/reports−data/budget−processes−in−the−states.

Norcross, E., and Gonzalez, O. (2017). Ranking the states by fiscal condition. July. Mercatus Research, Mercatus Center at George Mason University, Arlington, Virginia. Accessed on April 30, 2018 at: www.mercatus.org/statefiscalrankings.

Office of Juvenile Justice and Delinquency Prevention Statistical Briefing Book. (2018). Released on March 27, 2018. Accessed on April 30, 2018 at: www.ojjdp.gov/ojstatbb/structure_process/qa04205.asp? qaDate=2016.

Schack, R. (2016). Implementing results−based accountability in the juvenile justice system. March 3. Accessed on April 30, 2018 at: www.cga.ct.gov/APP/tfs/20141215_Juvenile%20Justice%20Policy%20and%20Oversight%20Committee/20160317/RBA%20Implementation%20Report.pdf.

State of Arizona. (2019). State of Arizona Executive Budget, State Agency Budgets, Fiscal Year 2019. Accessed on April 30, 2018 at: www.azospb.gov/Documents/2018/FY%202019%20Agency%20Detail%20Book.pdf.

Willoughby, K., and Melkers, J. (2000). Implementing PBB: Conflicting views of success. *Public Budgeting & Finance*, *20*(1), 105−120.

第7章 审计和评估阶段的绩效预算

引言

本章考察政府如何将绩效预算应用于审计和评估阶段。该过程的最后阶段需要通过回顾法律、战略计划和管理举措，来测量机构和项目的财务与绩效合规性。一般来说，这一阶段的重点在于，确保公共机构和项目依法使用财政资源。同时，虽然针对预算目标进行的事后项目绩效评估在综合年度财务报告的历史上或法律上被优先采用，但这些评估已经变得越来越受欢迎，并且有望成为各机构在任何财年决算时的一种惯例。在进行此类评估后，绩效数据能否应用到预算流程中，又是如何做到这一点的？本章探讨了州青少年司法机构官员是否以及如何在预算流程的这个阶段使用绩效指标，并再次利用我们的在线调查和访谈，来更加具体地描绘州政府职能领域中的绩效预算进展情况。

7.1 现有研究：关于绩效数据在预算审计和评估阶段的使用

预算审计阶段的绩效数据使用情况，是一个很少被研究的领域。Lu、Mohr 和 Ho（2015，p.432）总结了十年来的相关研究成果，仅发现了两项与审计功能相关的研究。Melkers和Willoughby（2005）发现，绩效信息有可能在审计阶段使用，Lu（2011）发现，在将绩效信息用于水平较高的决策机构中时，审计人员的角色并不那么活跃。Lu、Mohr和Ho（2015，p.432）进一步解释了这一点：

> 我们所发现的，可能只表明公共行政学者经常将绩效审计视为一个单独的领域，而关于绩效审计或绩效信息如何用于审计的研究，可能不属于他们的研究样本范围。

根据这些研究者的建议，我们建立了一个更广泛的网络，将绩效审计作为一个单独的领域加以考虑，并因此对这一预算阶段（尤其是绩效审计），进行了更有针对性的研究。最近的研究表明，存在着有关绩效审计及其实践的改革，但对其影响的评估则是喜忧参半。例如，一项研究详细介绍了"芬兰、法国、荷兰、瑞典和英国最高审计机构（SAIs）的绩效审计发展"，发现"不存在适合所有国家的模型"（no size fits all）（Pollitt，2003，p.157）。在进行绩效审计方面，每个国家似乎都有自己的"个性"。另一项研究将绩效审计如何按照以下方式引发审计行为进行了分类："在盎格鲁-美国环境中，通过审计实体直接实施审计方案，进行审计行为，这一做法需要有后续的处理。在日耳曼国家的案例中，则通过议会行动"（Torres，Yetano and Pina，2016，pp.23-24）。

如上所述，关于绩效审计的结论一般来说是多种多样的，主要包括：实施审计后的行为变化并不多（Raudla，Taro，Agu and Douglas，2015）、对政治和民主进程的贡献很少（Tillema and ter Bogt，2010）、存在一些预期的变化（Reichborn-Khennerud and Johnsen，2015）、对财务和非财务效益等有重大影响（U.S. GAO，2007）以及将审计人员看作独立且积极的角色（Wheat，1991）。这些研究倾向于指出，任何影响都取决于许多其他因素。例如，Reichborn-Kjennerud和Johnsen（2015，p.19）解释说："如果政治领导层对被审计实体施加压力，而且报告被用于向部长问责，这会使被审计方更加倾向于作出一些改变。"

在预算审计阶段，尽管有关绩效信息使用之影响的研究不多，但这一实践却通常被编入绩效预算法中。根据 Lu、Willoughby 和 Arnett（2011）的研究，绩效指标（或绩效报告）的评估或审计，是美国各州绩效预算法的最大区别之一——在具有全面预算法的州中，有80%的州在法规中规定了这一要素，而法律不完善的州中，则为25%。总体而言，这些研究者认为，绩效审计是州政府绩效预算法中第四个最常被指定的要素。我们不妨考察一下华盛顿州绩效审计的法制化（华盛顿州修订法典44.28.083-091），这是一个强有力的立法体系的例子，其中包括：

- 由联合立法审计和审查委员会编制的绩效审计工作计划
- 审计的优先事项包括：具有重大财政影响的计划；达成计划目标的高风险；针对未达到目标的计划，依改进建议进行跟进，或是法律规定的审计
- 拨款用来进行审计
- 对最终审计报告中包含的审计报告和回应，允许机构作出答复
- 各机构、立法审计人员和立法机构共同参与
- 规定合规机制的绩效预算闭循环反馈
- 与公众沟通和透明度的要求
- 通过评估审计、审计协议和员工资格来控制质量

抛开这些法律，在预算评估阶段，关于绩效审计以及绩效测量使用的研究仍然很少。它是一个法定的评估工具，但很少被了解。

7.2 在线调查结果：关于绩效数据在预算评估和审计阶段的使用

7.2.1 预算审计和评估中使用的绩效指标

表7-1包括我们对州青少年司法机构行政人员的在线调查结果，以及他们对绩效指标的使用情况，这种使用通常与预算过程的审计和评估阶段的决策相关。表中的总体平均值为2.4分，这表明大多数情况下"偶尔使用"列出的各种决策项目的绩效指标，远远低于所有其他三个阶段（如前面第4、第5和第6章的回答和讨论中显示的）对此类信息的平均使用频率。在这一预算阶段，机构使用绩效指标的程度方面，没有任何项目达到了"经常"使用程度。这些行

政人员明确表示，他们使用指标来达到合规目的，并相对更多的是评估绩效进展或挑战。同样，使用指标来评估是否需要对那些不符合绩效目标的项目进行更多监督，在使用频率方面几乎达到"有时"。尽管如此，在这一阶段仍偶尔（或很少）对所有其他决策使用指标。

表 7-1　预算审计和评估阶段，州青少年司法机构管理人员对绩效数据的使用

检查贵机构的绩效指标在多大程度上用于以下目的	观察值	平均值*	标准差
遵守绩效报告的要求	21	3.71	1.35
评估绩效进展或挑战	21	3.43	1.33
评估是否需要更多地监督不符合绩效目标的项目	21	2.95	1.24
减少不符合绩效目标之项目预算的灵活性	20	2.25	1.29
允许在财年结束时，保留尚未支出且无规定用途的拨款余额	21	2.00	1.38
奖励高绩效员工，给予一定的预算灵活性	21	1.76	0.83
奖励高绩效员工，给予特定的购买权	21	1.62	0.80
为高绩效项目的员工提供额外补偿	21	1.52	0.81
预算审计和评估的总体平均值：2.41			

*等级：1=从不；2=偶尔；3=有时；4=经常；5=总是

7.2.2　共同承诺、测量质量和运营整合，以及绩效指标的使用

表 7-2 中的结果显示，更强的测量质量和运营整合，与更加经常地使用绩效测量指标相关，尤其在评估绩效进展或挑战的时候。这证实了我们在预算流程的这个阶段如何使用指标的一些观点。管理人员在此阶段使用指标，与他们对利益相关者的承诺、测量质量和运营整合的看法之间，具有相关性，这种相关性对于揭示绩效测量指标使用上的细微差别，以及对未来机构预算的可能影响，是非常有意义的。最具统计意义的相关性，是青少年司法官员使用指标向项目员工提供额外补偿，这些项目通过对青少年和家庭的承诺，表明州参与的绩效测量体系得到改善。这种积极的关系再次表现为公众和机构支持者对绩效

评估应用的承诺。该发现表明，机构管理人员认可并赞同外部利益相关者对项目改进的投入。客户、支持者和公众关于机构运作和结果的观点，与行政人员的管理和未来的预算，有着正向关系。具有更强的绩效运营整合能力（"我们使用绩效数据来判断项目是否成功"一项）的机构，更有可能为绩效提供奖励。这一项与"为高绩效项目的员工提供额外补偿"一项之间正向的、统计上显著的相关性证实了这一点。这些相关性表明，绩效改善与货币奖励的使用相关。

表7-2　　利益相关者的共同承诺、测量质量、运营整合与绩效信息，在预算审计及评估阶段使用的相关性

	评估绩效进展或挑战	减少不符合目标之项目预算的灵活性	奖励高绩效员工，给予特定的购买权	为高绩效项目的员工提供额外补偿
测量使用的平均值	3.43	2.25	1.62	1.52
利益相关者的共同承诺		-0.44*		
机构领导者				
接受服务的青少年和家庭成员				0.65***
一般公众				0.53**
支持者				0.41*
测量发展及质量	0.40*		0.41*	
我们很容易收集绩效数据				
我关于绩效测量的意见受到重视	0.49**			
我的机构有清晰、可测量的目标		-0.48**		
总的来说，我们相信绩效测量系统中生成的数据		-0.41*		
运营整合				
我们定期召开有关绩效进展的会议		-0.42*		
评估绩效结果有助于我们作出更好的决策				0.41*
我们使用绩效数据来判断项目是否成功	0.48**			0.49**

注意：***、**、*分别代表在1%、5%、10%的水平下显著。仅呈现反映出相关性和统计显著性的项目。

另外，这些管理者所表达的内容，远超过对如何获得更好绩效的肤浅理解。那就是，这些官员使用指标来减少未达到绩效目标之项目的预算灵活性，与测量质量和业务整合项目之间，具有负相关关系，这正如第5章中路易斯安那州官员向我们解释的，项目绩效下降了，不一定等于该项目的资金管理不善、不恰当使用或非法使用。在这种情况下，越来越多的青少年司法行政人员信任并公开披露其机构的目标、绩效数据和进展，因而不可能对绩效下降进行惩罚。机构具有更强的测量质量和运营整合能力，也就等同于管理者不太可能惩罚未达到绩效目标的项目。

7.3　州青少年司法部官员实时解释绩效预算

7.3.1　南卡罗来纳州的案例

我们对南卡罗来纳州的在线调查结果表明，该州在预算审计阶段预算绩效信息的平均使用得分为3.5分（总分为5.0分），这是预算过程这一阶段的所有反馈中的最高分。这些研究结果表明，南卡罗来纳州的青少年司法机构采用了许多绩效测量指标，并经常用于预算审计和评估。另外，我们关注南卡罗来纳州，也因为即使该州的绩效预算法相当有限，但仍有将绩效评估作为机构进展的年度考核之要求。

该州的绩效预算法在综合性方面得分为4分（见第2章，表2-3和表2-4），包括了综合性和发生率的要素。1995年的法律描述了年度问责报告，各机构和部门负责每年向州长和立法机构提交报告。法律规定报告"必须包含机构或部门的使命、完成任务的目标，以及表明目标实现程度的绩效指标"（南卡罗来纳州第1编，第1章，第13条，第1-810-840节（1995））。2014年的法律设立了一个执行预算办公室，并将其置于行政管理部，取代现已废除的州预算和控制委员会（一个行政－立法预算联合办公室）。新的执行预算办公室"通过分析、实施和监测年度一般拨款法案以及评估项目绩效"来为州长提供帮助（南卡罗来纳州第1编，第30章，第1-30-125节（2014））。

南卡罗来纳州十多年来一直保持其AA+级信用评级。在最新的财政运行状况排名中，南卡罗来纳州为平均水平，尽管排在第19位，但距离高于平均水平的排名仅一步之遥（Norcross and Gonzalez，2017）。该州的长期和预算偿付能力均高于全国平均水平，而服务水平偿债能力仅为全国平均水平。南卡罗来纳州的现金偿付能力低于平均水平（第20位），并且在信托基金偿付能力方面排名最低（第35位）。该州一般基金预算中反映出相当不错的财政状况，从2011年到2016年，实际美元增加了6.1%（从84亿美元增加到89亿美元）。青少年司法的一般基金一直保持在州一般基金的1%左右。然而，青少年司法的一般基金增长率超过了州一般基金的增长率，从2011年到2016年增长了9.9%（从8 290万美元增加到9 120万美元）。

作为南卡罗来纳州的内设机构，青少年司法部（DJJ）负责羁押者（主要是州运营）、缓刑者和重返社会者（均由州运营）（JJGPS，South Carolina，2018）。该州青少年司法制度的既定目标是平衡和恢复性司法（BARJ）（OJJDP，2018）。与其他州一样，南卡罗来纳州通过采用自然照管的方式，来努力地减少青少年的监禁率。根据我们的联系人所述，该州通过重新关注传统安全设施之外的工作，实现了监禁青少年人数的显著减少，"从20年前在长期设施中监禁的1 200名未成年人，到现在的100多名。我们将年轻人转移到类似露营地的地方，以减少被监禁的人口"。南卡罗来纳州在青少年司法改革方面的努力得到了认可。2015年，由麦克阿瑟基金会（Macarthur Foundation）组织的全国州立法机构会议，在南卡罗来纳州举办，组织来自全国各地的州议员进行了"青少年司法模范实地考察"，展示了该州成功的青少年司法项目之一——AMIKids，一个为陷入困境的青少年提供住宿安置的非营利性示范项目，旨在帮助他们成长为有用的成年人（National Conference of State Legislatures，2015）。

我们的联系人解释说，在作出管理决策时，绩效测量指标对机构有直接帮助，然而，使用预算指标的效果并不那么直接。编制年度问责报告的要求迫使该机构在文件中包括基准和绩效标准以及结果信息。"我们给立法机关提供了我们认为可以实现的基准（数据）。"DJJ通过追查历史来确定这些基准（数据）。例如，与该州拘留中心和其他设施的过去人数相比较。统计报告使该机构能够追踪那些青少年，其中绝大多数都参加了以社区为基础的项目。在任何一年中，"大约有 4 000 个孩子由社区照管，大约 800 个孩子被安置在安全设施中"。

州财政的运行良好程度肯定会影响运营，而在经济困难时期一些项目的风险会高于其他项目。该联系人指出，该机构在 2008 年经历了三次预算削减，因为大衰退（the Great Recession）愈演愈烈，DJJ 项目不得不停止。特别是教育项目被停止了。州立法机关警告该部门即将对其进行削减，但没有具体说明从何处着手。这要求该部门对整个组织进行审查，并优先考虑削减"对儿童和家庭影响最小的领域"。在财政紧张时期，青少年司法部的难题是这些机构"无法削减那些被照管者的预算"。也就是说，州对那些被安全羁押的人负有法律责任，为已被定罪的青少年（committed youth）提供资金是没有讨价还价余地的。而且，正如我们在其他地方所指出的那样，羁押成本难以调整，因为运营意味着"你仍然需要让灯亮着，并维持机构运转"。

对于那些可能是以自然的、社区为基础的和（或）严格教育的项目来说，这些挑战带来了巨大的压力。然而，在南卡罗来纳州，无论财政如何困难，我们的联系人都注意到：

我们尽可能地重视绩效。我们在内部审查预算，列出需要资助的项目，然后花（时间）优先考虑这些项目，尝试将资金提供给绩效最佳或者对孩子和家庭影响最大的项目。

DJJ 认为，最有用的数据是追踪那些服刑的青少年，他们在哪里服刑，以什么身份服刑。关于成功结果的数据，对于获取未来支持的决策非常重要。当数字表明绩效下降或回落时，"我们非常仔细地观察因何现象导致这一下降"。根据联系人的说法，指标非常重要，因为：

立法者关注数字。如果你的数字（如服务人数）下降，（立法机关）肯定会削减你的预算。我们不会经常被问询，但他们会查看我们羁押中孩子的数量以及羁押他们的地点。立法机关没有足够的资源，所以需要关注他们的钱怎么花以及我们的绩效如何。（问责报告为他们提供了）一份文件，可以反映出你是在改进、保持不变还是在减少服务。

目前 DJJ 在参与绩效测量方面的最大挑战，来自于收集数据及数据的可靠性。某些部门项目的指标"仍然是手工计算,这需要自动化"。此外,有些DJJ项目根本没有收集青少年的数据。也就是说,由法院移交给州的青少年得到了追踪,而由父母或学校移交的青少年则没有(包括在内)。"由于有一群青少年没有被包括在法庭传讯的人群中,因此该机构很难对项目的成功进行真正的核算。"随着今天对青少年司法数据收集系统的不断改进,该机构的工作是"通过在报告和基础数据之间进行交叉检查,来确保数据的完整性,并随机访问孩子和工作人员,以验证数据"。

在过去,DJJ从预算角度来体现"花掉它抑或失去它"(use it or lose it)。但今天的支出优先级是基于效果及其分析。我们的联系人指出:

> 我们通过询问什么是最有影响力的事情,来衡量绩效……如果你想花钱,你就会受到这样的审查,我们每年都会有一次预算缩减(budget retreat),并借此审查如何根据我们的需求来花钱。

7.3.2 科罗拉多州的案例

科罗拉多州有适用的综合绩效预算法,得分为5分(见第2章表2-3和表2-4)。立法规定了跨越行政和立法部门的绩效指标制定、审查和监督责任,并包括综合性、发生率和问责制等要素。尽管如此,《州测量问责制、响应性和透明度(SMART)法案》仍将注意力集中在预算的绩效管理上。科罗拉多州确实有许多与绩效管理相关的交叉举措,这些举措已经渗透到预算相关性中。2014年的计算机系统大修——科罗拉多州运营资源引擎(CORE系统),试图将预算编制和会计联系在一起,以便更好地强化绩效、预算跟踪和联系。此外,科罗拉多州还有精确的基于证据的举措,将注意力集中在州客户身上,并引入基于证据的结果改进计划。与现有研究相关的是科罗拉多州与皮尤-麦克阿瑟(Pew-MacArthur)结果优先计划的合作,是将分析应用于青少年司法程序设计,以确定最佳实践、投资回报并改进预测结果,并"基于有效性,为政策制定者提供可以给予额外资金或可以削减潜在项目的目标方案"(Colorado Governor's Office of State Planning and Budgeting,2018)。

科罗拉多州在过去十年中保持了AA级信用评级。该州排名为第30位,在财政运行方面属于平均水平(Norcorss and Gonzalez,2017)。该州的服务水平偿债能力高于全国平均水平，但其他的 4 个财政运行指标低于全国平均水平，这解释了比上一年的排名下降了 8 位的原因。从 2011 年到 2016 年，该州的一般基金收入以实际美元计算增长了 48.6%（从 138 亿美元增加到 206 亿美元）。

在科罗拉多州，青少年司法项目主要由州运作，拘留和重返社会者由州来管理，由地方来执行缓刑（JJGPS，Colorado，2018）。青少年事务部隶属于公共服务部（DHS）儿童、青少年和家庭办公室，是青少年司法的州组成部分。缓刑服务由州法院管理员来负责，并由全州 22 个司法辖区的缓刑官员执行（JJGPS，Colorado，2018）。州青少年司法制度的目的条款是平衡和恢复性司法（BARJ）（OJJDP，2018）。

我们在科罗拉多州的联系人于早期的访谈时提出，应该对州预算面临的挑战加以警惕。譬如，纳税人权利法案和强制性教育经费使得在绩效数据表明可能需要额外资金的情况下，在实际中却无法轻松获得这些资金。"宪法要求限制了获得额外资金的能力……公共服务部门是一个庞大的部门。并不是说我们不需要额外的资金，但是兄弟机构可能更需要额外的资金。"自 2011 年到 2016 年，尽管该州的一般基金收入以实际美元计算增长了 48.6%（从 138 亿美元增加到 206 亿美元），但这种限制阻碍了绩效预算的适用性。

不过，该联系人还指出，公共服务部内部的绩效推动来自于州长倡议，并在该部门的绩效分析战略系统（C-Stat）中正式得以确定。高级别部门主管设定目标、跟踪、评估、比较数据，然后重置目标，以保证绩效持续改进。

例如，（青少年）取得高中毕业证书（GED）的百分比。在一段时间内，80% 的孩子都获得了文凭。因为在这个指标上做得很好，我们设定了更高的 90% 的目标。

公共服务部主任对内部部门的测量和目标设定了期望，以便继续讨论绩效和进展情况。

这并不等于绩效预算，然而：

我们以人均收到的资助为标准。我们跟踪诸如绩效结果之类的事，但并不意味着如果它们完成绩效目标，就为它们提供奖励或额外资金。而是如果它们的结果一直很差，那么我们就会停止与它们签约，但我们不能说，如果你能够减少越狱，我们就会为你提供额外的资金。

同时，资本利率也已明确且具有约束力：

您已依据我们报销的州费率、医疗补助费率或教育补偿率（获得资金），但它们是完全不同的资金流，因此不能将医疗资金用于诸如教育的其他用途。

在科罗拉多州，通过审计手段，绩效测量与报告对于未来的筹资结果和计划结果产生了重大影响：

审计对我们有重大影响。如果审计结果是否定的，或与我们希望看到的相反，那么就有义务解决该问题。我们有行动计划，并期望提高绩效。

例如，如果审计发现了项目或服务存在问题，任何与该项目或服务相关的资金请求，"将随之带来对我们在某种程度上满足一些绩效指标的预期"。关于审计对于持续改进的重要性，联系人进一步指出：

我们对设施中的青少年使用的药物（特别是精神药物）进行了审计。审计的一项发现是，在某些设施中，药物的使用范围非常广泛，可能存在滥用药物的情况。因此，我们所做的是建立一整套协议，并改变处方、报销和监控这些类型药物的方式，以减少滥用的威胁。

7.4 结论

我们对预算流程的第四阶段——审计和评估中的绩效信息使用之研究，与迄今为止的研究相一致。也就是说，我们的在线调查结果表明，对于许多任务，绩效测量的参与度较低。相对于"有时"，所有列出项目的平均使用率，更接近"偶尔使用"。在列出的8个项目中，只有关于合规报告和评估绩效进度或挑战的项目，表明"有时"或"更多"地被青少年司法管理员使用。与其他所有阶段相比，我们还发现，在此阶段，共同承诺、测量质量和运营整合的概念，与绩效测量的使用之间，存在显著相关性的可能性较小。从某种程度说，在这种情况下，绩效预算甚至绩效导向改革，在流程结束时都会失去动力——一个新的议程、政治利益和当前事件，会形成对下一个预算年度的预期。改革只有在不断得到支持和积极参与的情况下，并且当产生的反馈导致可见的变化（某种进步）时，才能保持可行性和相关性。因此，"绩效信息在预算流程结束时较少使用"这一事实，并不令人惊讶。

另一方面，我们在南卡罗来纳州和科罗拉多州采访的联系人，在绩效预算闭循环反馈方面（closing the performance budgeting feedback），提出了真正的希望。在南卡罗来纳州，年度问责报告的要求意味着，一个机构的"回顾"会影响未来的预算讨论以及项目的方向。这些报告帮助各机构切合实际且战略性地制定预算要求，以适应自上一个周期以来发生的情况。而且，南卡罗来纳州的立法者希望通过这些报告更好地了解投资回报率。科罗拉多州提供了一个州的例子，其中绩效审计可以改变政策，并进而影响预算。此外，机构（在本例中为青少年司法）要对审计中可能出现的问题负责——该机构意识到，其为解决这些问题而发起的变革，会对预算产生影响和期望。

参考文献

Colorado Governor's Office of State Planning and Budget. (2018). Research & Evidence-Based Policy Initiatives. Accessed on April 30, 2018 at: https://sites.google.com/state.co.us/rfpfs.

Juvenile Justice Geography, Policy, Practice and Statistics (JJGPS). Colorado. (2018). Accessed on April 30, 2018 at: www.jjgps.org/juvenile-justice-services/colorado.

——. South Carolina. (2018). Accessed on April 30, 2018 at: www.jjgps.org/juvenile-justice-services/southcarolina.

Kasdin, S. (2010). Reinventing reforms: How to improve program management using performance measures. Really. *Public Budgeting & Finance, 30*(3), 51-78.

Lu, E. Y., Mohr, Z., and Ho, A. T. (2015). Taking stock: Assessing and improving performance budgeting theory and practice. *Public Performance & Management Review, 38*(3), 426-458.

Lu, Y. (2011). Individual engagement to collective participation: The dynamics of participation pattern in performance budgeting. *Public Budgeting & Finance, 31*(2), 79-98.

Lu, Y., Willoughby, K., and Arnett, S. (2011). Performance budgeting in the American states: What's law got to do with it? *State and Local Government Review, 43*(2), 79-94.

Melkers, J. E., and Willoughby, K. G. (2005). Models of performance measurement use in local government: Understanding budgeting, communication, and lasting effects. *Public Administration Review, 65*(2), 180-190.

National Conference of State Legislatures. (2015). 2015 Juvenile justice model site visit. Meeting recap. Accessed on April 30, 2018 at: www.ncsl.org/research/civil-and-criminaljustice/2015-juvenile-justice-model-site-visit.aspx#1.

Norcross, E., and Gonzalez, O. (2017). Ranking the states by fiscal condition. July. Mercatus Research, Mercatus Center at George Mason University, Arlington, Virginia. Accessed on April 30, 2018 at: www.mercatus.org/statefiscalrankings.

Office of Juvenile Justice and Delinquency Prevention Statistical Briefing Book (OJJDP). (2018). Released on March 27, 2018. Accessed on April 30, 2018 at: www.ojjdp.gov/ojstatbb/structure_process/qa04205.asp? qaDate=2016.

Pollitt, C. (2003). Performance audit in Western Europe: Trends and choices. Critical *Perspectives on Accounting, 14*(1-2), 157-170.

Raudla, R., Taro, K., Agu, C., and Douglas, J. W. (2016). The impact of performance audit on public sector organizations: The case of Estonia. *Public Organization Review, 2*, 1-17.

Reichborn-Kjennerud, K., and Johnsen, A. (2015). Performance audits and supreme audit institutions' impact on public administration: The case of the office of the auditor general in Norway. *Administration & Society*, December 31, 2015. Accessible at: http://journals.sagepub.com/doi/abs/10.1177/0095399715623315.

Tillema, S., and ter Bogt, H. J. (2010). Performance auditing: Improving the quality of political and democratic processes? *Critical Perspectives on Accounting, 21*(8), 754-769.

Torres, L., Yetano, A., and Pina, V. (2016). Are performance audits useful? A comparison of

EU practices. *Administration & Society*, July 7, 2016. Accessible at: http://journals.
sagepub.com/doi/pdf/10.1177/0095399716658500.

U.S. Government Accountability Office (GAO). (2007). *Measuring the performance of audit
organizations: GAO's evolving experiences*. No. GAO-07-598CG. Washington, D.C.

Wheat, E. M. (1991). The activist auditor: A new player in state and local politics. *Public Ad-
ministration Review*, 51(5), 385-392.

第8章　影响——绩效预算的权力和风险

引言

本章从三个方面评估了政府推行绩效预算的影响。第一个方面说明资源配置如何变化，如果有变化，何时对项目绩效进行测量和评估。在资金变化方面，我们进行了两方面的研究：一是，绩效预算对资源配置之短期影响的调查结果分析，二是，分析了青少年司法领域中绩效预算的长期影响，以及后续政策变革中可能引起的预算变化。第二个方面考察了绩效预算未来在运营服务方面对组织绩效可能产生的广泛影响。最后一个方面涉及使用绩效预算可能产生的意外后果。正如我们在第1章中所讨论的那样，多年来，仍然存在一些反对绩效预算的争论。我们将在本章中依照经验来检验一些观点，并测试其准确性。

8.1　绩效预算对短期预算结果的影响是什么？

到目前为止，我们已经研究了在青少年司法领域预算周期中不同阶段的绩效预算实践。我们还研究了可能有助于加强绩效信息和预算整合的因素。但是，我们仍需要考察绩效预算对短期预算结果的影响。既有文献表明，绩效的提高与更多的资金分配之间并没有（可能也不应该有）直接的、机械的或自动的关系。考虑到绩效信息及其涉及因素与公共预算之间关系的问题，我们开始编写本书。第 1 章中的表 1-1 表明了它们之间可能存在的关系，并对资金分配与绩效相匹配的合理性提出了质疑。从理性角度来看，绩效和资金之间存在正相关的关系，是能够被接受的，即更好的绩效意味着更多的资金，而更差的绩效则意味着更少的或者基本程度的资金（见表 1-1 的第一格和第四格）。但是，即使我们不考虑收入限制等因素，挑战依然存在，即资金分配的基础是多样化的，且大部分是增量的和由需求推动的（Davis，Dempster and Wildavsky，1966；Wildavsky，1978）。追求更好的绩效，并不是一个增加项目资金的充分理由。

从另一个角度来看，如果一个项目的分析表明，资金不足是绩效表现较差的原因之一，那么增加低绩效项目的资金分配，也并非就是完全不合理的（表1-1 第二格）。最后，表 1-1 的第三格表明，在资源稀缺的环境下，预算决策者只能维持甚至可能减少高绩效项目的资金。在考虑了所有这些可能性之后，我们发现绩效与预算之间联系的强度、频率和方向，仍旧不确定。

正是这种模糊的关系，促使我们通过实证研究来寻求更加清晰和精确的关系。到目前为止，我们还没有回答以下问题：项目在每个决策因素中出现的频率是多少？为什么一个项目可以从提高绩效中获益，而另一个项目似乎要受到惩罚？我们认为，更好地理解各个因素间的关系、每个因素的运行机制和背景，是阐明绩效预算对短期预算结果之影响（如果有的话）的关键步骤。重要的是，这意味着什么？又怎么才能将绩效"告知"于预算呢？

我们对州青少年司法管理人员在线调查中提出的一些问题，旨在探求绩效与短期预算结果之间的明确联系。在下述问题中：（1）去年绩效；（2）当前预算与去年预算的对比，依据机构可能的回答，调查问卷设置了"下降"，"保持相同水平"和"增加"三个选项。在表 8-1 中，我们将对这些问题的回答制成表格，并在表格中显示所有预算阶段的受访者使用的绩效预算实践情况（括号内）。结果表明，先前的绩效、绩效预算和短期预算结果之间，没有统计上的显著关系。从描述的角度来看，响应频率最高的因素是关注实现绩效提升和下一年度的资金保持不变。结论是，绩效更好且更多参与绩效预算实践的机构，似乎更有可能保持或增加资金，这个结果与文献研究结论一致。值得注意的是，我们的样本量非常小：我们的在线调查涵盖50个州青少年司法机构，其中仅有20个州作了回复。

表8-1　　　　　　　　　　　　机构绩效和下一年度资金的情况

		下一年度资金（预算各阶段绩效预算实践的均值）			
		下降	保持相同水平	增加	合计
绩效	保持相同水平	3（2.98）	2（3.00）	1（2.81）	6个州（2.96）
	增加	3（3.73）	7（3.43）	4（3.65）	14个州（3.56）
	合计	6个州（3.35）	9个州（3.33）	5个州（3.48）	20个州

注：

通过对青少年司法管理机构进行的在线问卷调查，我们收到了来自美国50个州政府中20个州的回复；

通过考察你所在的机构在下述年份中的整体变化（下降，保持相同水平或增加）来表明：

- 我们的机构去年（2015年）的绩效=绩效
- 与去年（2015年）相比，我们目前的预算（2016年）=下一年度资金

费希尔精确检验（Fisher's exact test）可以检验上一年度绩效与下一年度资金之间的关系。该检验结果并不显著。

克鲁斯卡尔-沃利斯检验（Kruskal-Wallis test）也是一个可以检验绩效预算实践与资金水平之间关系的简单逻辑模型。该检验的结果不显著。

8.2　绩效预算能否影响长期预算结果？

接下来，我们考虑如果结果的时间范围被拓展，公共预算是否会被绩效指

标和争议所影响。从青少年司法政策将有效的少年惩戒方式由羁押变为社区照管这一显著转变，我们可以看出，绩效是如何随着时间的推移而逐渐与预算挂钩的。如果我们回顾过去 25 年或 30 年的历程，会发现美国的青少年司法面临着巨大的挑战（Hinton et al.，2007）。Hinton 及其同事（2007，p.469）将这些挑战归因于几个因素，其中一个因素是过去 "记录青少年司法干预措施有效性的可靠科学研究数量较少"。但是，随着对青少年司法领域绩效评估能力之认识的提高，这种情况即将发生变化。青少年司法评估中心（2004）的一份报告称，美国联邦政府 1993 年的《政府绩效与结果法案》已经在全国范围内对青少年司法产生了巨大影响。一个例子就是 2002 年的《青少年司法和犯罪预防法案》，重点关注由联邦政府资助的州青少年司法方案的结果——依据项目结果进行选择性资助（Juvenile Justice Evaluation Center，2004）。经过多年对以往青少年司法绩效认识的提高，加上这方面的绩效报告和数据的增加，结果是 "大量的研究证实，将青少年羁押在安全设施中，往往会对他们的发展产生严重且持久的负面影响"（Hart，2016，p.1）。

　　与此同时，羁押的预算高得惊人，且持续攀升。在前面章节的研究中，我们说明了青少年惩戒机构人数减少的问题（注意研究和适应新政策），州青少年司法机构管理人员在管理预算时也面临这一难题。回想一下第 3 章中加利福尼亚州的例子。该州一直致力于对其青少年司法制度进行改革，这导致了羁押的青少年人数急剧下降——以至于目前各州青少年惩戒设施的占用率仅为 37%。正如预期的那样，将这些青少年羁押起来导致这些设施的人均成本每年上升到 30 多万美元！如今，加州现任州长正在努力提高青少年设施的 "超龄退出" 年限，由 21 岁提至 25 岁。但反对者认为，这只是为了增加青少年设施的使用人数，需要引起关注的是，青少年进入成人设施反而增加了他们再犯罪的机会。

　　最重要的是，政策从羁押到自然照管的转变会影响预算变化。"对于那些需要此类服务的年轻人（许多人不需要）而言，比起每天 400 美元或更个性化的监禁，基于社区的环绕式（wraparound）服务每天只需花费 75 美元（Justice Policy Institute，2014）"（McCarthy，Schiraldi and Shark，2016，p.21）。犹他州青少年司法工作组（2016，p.2）解释说，"青少年每年人均社区照管费用最高可达 7 500 美元，相比之下，一些（青少年司法服务）无安全防护的户外安置花费每年高达 127 750 美元，"并强调这些社区项目的预算应被视为"投资"。

毫不意外，人们越来越意识到，青少年的监禁及其成本过高，可能导致表现一般或不佳，这种高成本将继续大力推动青少年司法政策从青少年监禁模式转向以社区为基础的替代方案。McCarthy、Schiraldi 和 Shark（2016，p.2）支持这些更加本地化的替代方案，其重要性在于："在美国很难找到一个政策领域，其收益和成本如此失衡，有现成的失败证据，并且我们清楚地知道应该做些什么。"在我们的许多采访中，联系人解释了他们所在州的努力，将青少年转移到地方一级的自然照管项目中、提供 360 度的支持（即医疗和心理咨询治疗、教育和职业规划、体能训练和新兵训练营体验）等，这些都可以作为第一次（或第二次）犯下较轻罪行的青少年监禁的替代方案。该研究明确强调，项目设计要"（1）在青少年初次进入青少年司法系统时，对其进行早期风险评估；（2）试着将青少年转移到自然（家庭）环境中；（3）采用已取得积极效果的做法"（Henggeler and Schoenwald，2011）。

当我们转向这一主题的研究时，发现从青少年监禁模式，到基于社区的替代方案的政策转变，是令人着迷的，不仅因为它对提供青少年改造服务的影响，而且对预算分配的影响也是如此。我们提出一个有效解释绩效－资金关系的路径，即通过"绩效－政策－预算"的视角来加以分析。也就是说，对绩效的认识导致政策转变，随着时间的推移会导致预算变化。简而言之，绩效有可能随着时间的推移而改变预算。

8.3 绩效预算是否会影响组织绩效

通过考察绩效预算是否会影响组织绩效，可以进一步充实"绩效－政策－预算"的联系链条。表 8-2 利用在线调查的结果对同一年度的机构绩效和绩效预算的执行情况进行了描述性分析。首先，我们发现更多的资金并不意味着绩效改善。事实上，大多数州处于这一类别之中：绩效提升但资金保持不变（在

2015年）。同一年的绩效与资金关系，在统计上并不显著。同时，我们发现绩效
预算实施较好的州，在所有资金领域均实现了绩效的提升；绩效没有发生变化
的州（2.96）和绩效有所改善的州（3.56）的绩效预算实践差异，在0.06概率水
平上显著。这是否意味着无论给定的资金水平如何，更高水平的绩效预算实践
都有助于实现更好的绩效？我们进行了一个简单的逻辑分析，来验证这个想法，
因为我们的因变量（绩效）是很明确的。模型中的两个独立变量是资金水平和
绩效预算实践。替代模型包括这两个变量的交互项。我们的结果与表8-2中的
描述性分析一致。也就是说：资金水平与服务绩效在统计上没有相关性，但绩
效预算的实施程度与绩效显著正相关（同样在0.06概率水平上）。交互项在统计
上并不显著，这表明绩效预算对绩效的积极影响与资金水平无关。

表8-2　　　　　　　　　　　　机构绩效和上一年度资金情况

		上一年度资金 (预算各阶段绩效预算实践的均值)			
		下降	保持相同水平	增加	合计
绩效	保持相同水平	2 (3.37)	3 (2.74)	1 (2.81)	6个州 (2.96)
	增加	3 (3.94)	8 (3.35)	3 (3.71)	14个州 (3.56)
	合计	5个州 (3.71)	11个州 (3.18)	4个州 (3.48)	20个州

注：

通过对青少年司法管理机构关于以下问题的电子问卷调研，我们收到了来自于美国50个州政府中
20个州的回复：

通过考察你所在的机构在下述年份中经历的整体变化（下降，保持相同水平，增加）来表明：

- 我们机构去年的资金（2015年）=上一年度资金
- 我们机构去年的绩效（2015年）=绩效

费希尔精确检验可以检验上一年度业绩与上一年度资金之间的关系。该检验结果不显著。

克鲁斯卡尔-沃利斯检验也是一个可以检验绩效预算实践与资金水平之间关系的简单逻辑模型。
该检验在0.06概率水平下显著。

我们如何理解这些发现呢？首先，结果表明，绩效预算不会以统计上显著的方式影响短期预算结果（表 8-1）。其次，绩效预算确实显著改善了短期服务绩效（表 8-2）。我们的假设是，在预算周期中，绩效信息的应用在管理上发挥了重要作用。为了检验这一假设，我们运用同样的模型，对在线调查中涵盖的四个阶段中绩效信息的应用进行了分析。表 8-3 仅报告了能够对指定用途项目的绩效数据产生有效改善的因素。在这一绩效预算体系的许多预算阶段所可能进行的活动之中，在统计上只有七个项目与提高服务绩效相关。当然，预算周期的每个阶段都有相关的项目，且可能存在重复。

表 8-3 的结果表明，以下绩效预算活动会影响绩效。图 8-1 的循环以更为详细的方式思考了绩效预算影响绩效的可能性。

- 遵守绩效报告的要求（遵循惯例）
- 与利益相关者沟通绩效结果（传播观念）
- 评估是否需要对不符合绩效目标的项目进行更多的监督（筛选和捕捉）
- 确定哪些是有效的（助力成功）

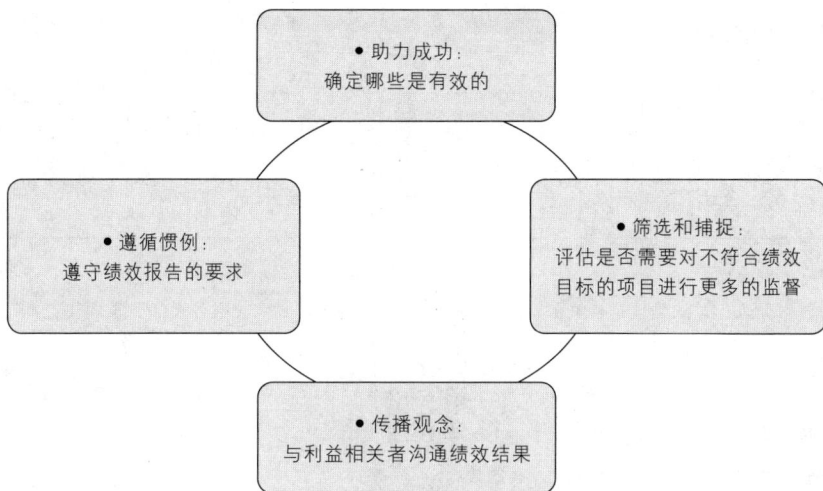

图 8-1　有影响力的绩效预算之原则循环

正如此处所显示的，表 8-3 中的所有重要项目，都与整个预算过程中绩效信息在管理上的应用有关。换言之，有影响力的绩效预算是不能独立于绩效管理而存在的。

表 8-3　　　　　　　　　　　利用绩效预算来提高服务绩效

	模型 1	模型 2	模型 3	模型 4	模型 5	模型 6	模型 7
与绩效相对应的资金水平		1.43	0.72	1.02	1.14	1.46	0.49
阶段 1：确定哪些有效	省略——完美数据预测						
阶段 1：遵守绩效报告要求		2.84**					
阶段 2：遵守绩效报告要求			1.83**				
阶段 2：沟通绩效进展或挑战				1.91**			
阶段 3：与利益相关者沟通绩效结果					1.15*		
阶段 4：评估是否需要对不符合绩效目标的计划进行更多的监督						1.66**	
阶段 4：遵守绩效报告要求							0.94*
N		20	20	20	20	20	20
chi2		9.55	8.37	6.79	4.39	7.34	4.68
Prob>chi2		0.01	0.02	0.03	0.11	0.03	0.1
Pseudo R2		0.39	0.34	0.28	0.18	0.30	0.19

注：***、**、*分别代表在1%、5%、10%的水平下显著。

1."确定哪些有效"省略：结果=pl_toidentifywhatworks>4；完美预测数据除去了 p1_toidentifywhatworks=4 的情况；子样本：去掉 pl_toidentifywhatworks 和 8 个未使用的检测样本。

2.绩效预算实践对服务绩效不重要，且不报告所有常量。

3.阶段1：预算请求；阶段2：预算批准；阶段3：预算执行；阶段4：预算审计。

8.4 绩效预算是否会产生意想不到的后果？

我们的在线调查向青少年司法官员询问了实施绩效预算的意外后果。表8-4列出了接受采访的州和机构在绩效预算实施过程中出现意外情况的频率。值得注意的是，平均而言，没有一个项目达到典型事件的频率。最值得关注的是，"管理层与一线员工之间的不信任"，其意义更接近于"很少发生"而非"已经发生"。接下来，我们检查了表明更多使用绩效预算的状态，是否更有可能记录这些意外后果，但相关结果在统计上并不显著（因此，此处未报告）。这可能意味着，更多地实施绩效预算并不一定会产生意想不到的情况。

表8-4 实施绩效预算的意外情况

	均值	数量	标准差
管理人员与一线员工之间的不信任	2.47	19	0.77
绩效指标与工作能力的不匹配	2.39	18	0.78
绩效形成的组织压力过大	2.32	19	0.58
对无法完全控制的绩效负责	2.32	19	0.95
数据超载	2.21	19	0.85
绩效"演练"；报告指标但不使用	2.18	17	0.73
过于关注绩效表现，忽略由此带来的其他项目成本	1.89	19	0.74
伪造或篡改绩效数据	1.50	18	0.51

注：1=从未出现；2=很少出现；3=已出现；4=经常出现。

通过与州青少年司法机构官员的访谈，我们发现这些问题并非不可克服；也就是说，他们并没有让那些意外后果妨碍对部门和项目的绩效进行收集、解释、讨论和沟通。例如，我们在佛罗里达州的联系人指出，只关注某个指标并设定不合理的目标值，有可能产生因疏忽造成的问题。在管理绩效合同并与私人供应商制定标准时，联系人解释说：

> 问题在于，使用特定的绩效指标，有可能产生意想不到的情况。例如，如果你想要有一个完全直接的标准是非常不现实的，那么你可能有五个替代方案。由于大部分工作都是外包的，对合同的绩效评估仍然在内部展开，因此是机构本身（而不是承包商），会因不符合标准而受到批评。在这种情况下，标准需要更合理。

这个例子也提高了机构对签约的私人提供商及其履行绩效合同的要求。

8.5　青少年司法的创新

到目前为止，我们的研究表明了各州在提供青少年司法服务和项目方面存在何种差异，因此也发现了不同的结果。青少年司法政策研究所（2009）介绍了各州试图降低成本和改善青少年司法服务结果的一些创新方法，并通常将制度化作为最后的手段。该研究所指出，俄亥俄州激励各县将青少年犯罪人从监所转移到以社区为基础的替代照管服务设施中，从而为青少年的监禁和管理节省了成本。伊利诺伊州与各县达成协议，以减少穿梭于各州设施的年轻人数量，从而节省数百万美元并降低了羁押率。纽约州通过关闭或缩小设施规模来节省资金；同时还鼓励各县不要将年轻人羁押于设施之中，并对各县的替代服务进行一些补偿。宾夕法尼亚州、加利福尼亚州和威斯康星州的项目，也强调并鼓励基于社区的服务而非监禁；如前所述，加利福尼亚州已经禁止"将青少年非暴力犯罪人判定为由州立监舍设施羁押"（Justice Policy Institute，2009，p.6）。青少年司法政策研究所（2009，p.9）强调密苏里州的青少年司法服务是其他州的榜样：

> （密苏里州）强调小型设施（该州32个居住设施中只有3个拥有33个以上床位），其关注点是支持性服务和改过自新，这对青少年和公共安全产生了积极影响。这些设施中的青少年与未被监禁的青少年教育基础水平相近，并且再犯罪率约为8.7%。虽然以社区为基础的方案是帮助青少年犯罪人的最有效方式，但如果必须羁押一个青少年，密苏里州模式是为其提供安全照管的最有效

方法之一。

Lipsey等人（2010，p.41）指出："将最有效的方案与风险最高的罪犯相匹配，可以最大程度地降低再犯罪率。"这些研究人员指出，可能需要"一系列项目"来实现最大利益。这阐明了青少年司法问题的双重复杂性——准确评估每个青少年的必要性，然后将每个青少年与一系列恰到好处的服务和方案相匹配。这些研究人员同意青少年司法政策研究所的观点，即密苏里州可以被视为青少年司法服务和规划的领头羊，在那里，监禁设施与最高风险的犯罪人和最严重的犯罪行为相挂钩（Lipsey et al.，2010，p.45）。

8.5.1 密苏里州的案例

密苏里州通过高度个性化照管、基于制度化的监督制衡、推动教育和技能建设、促进家庭关系和善后服务等方式，持续创新青少年司法项目（Justice Policy Institute，2009）。我们在密苏里州的联系人介绍了该州在青少年司法方面取得的成功。下面列出了一些促成积极成果的因素和仍存在的挑战。

该州拥有有限的绩效预算法，得分为3分（见第2章表2-3和表2-4），其中包括发生率和问责制的因素。在对州机构进行基于绩效的审查方面，立法机构承担了很多责任，由众议院预算委员会主席、参议院拨款委员会主席和行政部门的执行官员来负责制定审查协议，负责确定哪些州机构需要每年轮流审查。进行审查的分析小组包括行政预算分析员和待审查的机构。密苏里州的法规还包括日落法案（sunset legislation），其中的任何项目都会通过日落法案的审查（密苏里州修订法规，第4编，第33章第210.2，270.2节，第800-810条；第3编，第23章第250-298节（2003））。

几十年来，密苏里州一直保持AAA级的信用评级。2017年，该州在整体财政运行方面排名第11位，高于美国其他州的平均水平（Norcross and Gonzalez，2017）。除信托基金偿付能力外，该州的排名均高于全国平均财政比率，这一项排名第31位。该州以实际美元计算的一般基金收入在2011年至2016年间下降了2.7%（从173亿美元降至168亿美元）。青少年司法部（DYS）负责管理密苏里州青少年法庭所辖的青少年项目和服务。从2011年到2016年，DYS的预算下降了9.1%（从5 850万美元降至5 320万美元）。在这一时期，该部门的预算一直保持在州一般基金预算的0.3%。密苏里州的青少年司法项目主要由州管理;重返社会者完全由州管理,缓刑者主要由州管理,拘留在当地进行(JJGPS,Missouri,2018)。密苏里州与其他7个州一样,将亲人般的关怀视为青少年司法服务之目的,并认为州政府应承担儿童保护伞的角色(OJJ-DP Statistical Briefing Book,2018)。

我们在密苏里州的联系人也证实了该州在青少年司法政策和服务创新方面的良好声誉。该机构密切地介入并讨论数据问题——借助面板数据在线提供的月度报告,不断评估绩效指标。正如我们的联系人所言,目标值(Targets)"更像是雄心勃勃的目标(Goals)",这体现出密苏里州在管理和区域方面的领头羊地位。

在谈论我们想要实现的目标时,如果出现特殊问题,我们会换一种方式来讨论想要看到的内容。我们会在全州范围内查看这些数据,并花费大量时间讨论想要实现的目标以及当下正在进行的工作。

该联系人指出,密苏里州的做法"越来越少见"。该州承担的青少年司法案件并不多。同时,立法机构对密苏里州DYS提供的指标很感兴趣。我们的联系人解释道:

我们向立法机构提交的预算报告包括数据和绩效指标。通过与立法机构合作,分享教育成果,为它们提供数据以便其了解我们的目的,这有助于它们更好地理解我们正在做的事情。它们对此很感兴趣。我们在青少年司法方面很幸运地取得了巨大成功,立法机构对我们开放数据;它们对结果感兴趣。(例如,)我们在教育完成率方面的成功,与立法机构息息相关,同时立法机构在支出方面给予了更多回旋的余地。我认为,立法者现在更加支持我们了,尽管过去几年我们没有提出多少要求,但我觉得在提要求方面非常自由;这为工作的成功奠定了基础。同时,这也帮助我们避免了一些可能的资金削减。我们还设立了一个立法咨询委员会,以帮助立法机构。咨询委员会是包含两党公民的组织,其成员对我们的工作有着影响或掌握着特殊的知识,每年他们都会带着各种资料前往国会山(the Hill)。

不过,并非一切顺利。该联系人也对数据上的挑战有所抱怨。"我们没有最好的技术……我们的系统并不是完美无缺的。"但对密苏里州的测试仍然很好地评估了绩效,"应该弄清楚收集什么数据是最好的,(因为)并非所有数据都是相关的。(我们希望)收集那些更具代表性的数据"。

8.5.2 康涅狄格州的案例

康涅狄格州提供了另一个不断变革和创新的例子。康涅狄格州的绩效预算法较为有限;得分为1分(见第2章表2-3和表2-4),其中包括与发生率相关的因素或绩效信息的报告频率。正如我们在第2章所论及的,州长在两年期的预算提案中,要求将绩效信息和指标明确纳入青少年司法预算。然而,该州近期开展了进一步的主动创新——基于结果的问责制(results-based accountability,RBA),这一举措致力于将绩效信息和指标应用于预算之中,尤其是在青少年司法领域。

康涅狄格州的信用评级在2016年从AA级降至AA-级。最近的财政运行状况排名表明,该州仍低于平均水平,但目前已从去年的第50位上升至第37位(Norcross and Gonzalez,2017)。该州对于预算和服务水平的偿付能力超过了全国平均水平,但信托基金和长期偿付能力低于全国平均水平,并且在现金偿付能力方面排在最后一位。有证据表明,该州的一般基金预算从2011年到2016年下降了4.6%(从167亿美元降至159亿美元)。

康涅狄格州的青少年司法服务由州政府运作。司法部门负责大部分涉案的青少年。由其管理的青少年,约有40%处于以社区为基础的设施中,而60%的青少年是有防护(或无防护)的照管、集中居住或独立生活。12个法院提供支持性服务,负责两个安全拘留的设施和缓刑服务。儿童和家庭部门(Department of Children and Families,DCF)负责青少年司法计划的一小部分,包括对州公共设施的后续维护(JJGPS,Connecticut,2018)。康涅狄格州青少年司法系统的既定目标是平衡和恢复性司法(OJJDP,2018)。

正如第2章所述,该州已经能够利用RBA与联邦政府和基金会的合作伙伴关系进行基于证据的研究,并将其应用于青少年司法领域。例如,该州参与了皮尤-麦克阿瑟结果优先计划,该计划在审查项目以评估哪些有效时,会进行成本效益分析。在作出青少年司法支持服务决定时,立法机构开始使用这种由参与所产生的数据。同时，州长的兴趣也有效推动了青少年司法由监禁向自然照管的转变，康涅狄格州的实践在持续向前推进（Hart，2016）。

在康涅狄格州，所有以社区为基础的青少年司法服务都是签订合同的，并通过合同进行管理，因此绩效数据得到了充分的考虑和应用。各机构运用服务排序之审查和评估（service array review and assessment，SARA）小组来管理所有采购服务合同，制定项目决策，应用成果指标和管理采购流程，以及 RFP 审批。SARA 小组包括中央和地方两级管理者，这些成员每两个月对当前的服务进行审查、接纳提案并进行评估及提出整改（如有必要）、举办社区论坛并从多方面收集信息以进行评估。合同管理者向小组提供季度报告，以评估绩效，并尽早发现差距。我们的联系人指出，"指标通常与管理有关，而不是与预算相关"。指标的考虑因素包括

项目的需求和效率，服务如何交付，以及青少年是否从中受益。我们会进一步评估需求是否会发生变化。因此，它首先是需求的组合，其次才反映合同的运作情况。

财政人员引入 SARA 有一些好处，这些工作人员帮助评估差距并确定资金，通过合同管理的方式，支持更好的项目或服务。"SARA 有助于回答诸如'什么导致了低利用率'等问题。SARA 可以考虑这一项目的需求量是否较小"，例如，一项 SARA 发现，由于方向的变化，法院审理的案件数量急剧下降，进而实施了法院评估。随着重点持续转移，法院服务数量预计将继续下降。"这一审查结果导致考虑将一份合同减少 50%，另一份减少 30%。"联系人提醒我们，更广泛地说，青少年司法中不断变化的性质，并不会减少资金需求。在康涅狄格州，

监护设施中的孩子数量明显减少；这些孩子在受限更少、更为家庭式的环境中接受教育。（但）像亲人一样的服务而不是寄养，并不一定会产生财政影响。在青少年司法服务方面，与多年前的 25% 相比，现在 40% 的青少年生活在以社区为基础的环境中。

康涅狄格州正在进行改革，努力统辖所有的青少年司法服务。此外，康涅狄格州面临的最大挑战在于，将以下两个事实孤立地分离开来：青少年司法机

构承担着与青少年福利相关的重大使命，但青少年司法机构"一直是其所服务的青少年和家庭中的一小部分群体"。同时，该州在走向自然照管方面一直处于"领先地位"。在某种程度上，儿童和家庭部门（DCF）："从未在严格的再犯罪减少框架下运作。我们如何在与该框架下实际运作的司法部门保持一致的同时，仍然受益于家庭强化模式和终身家庭原则？"现在，DCF正在运营一个在线提供商信息交换平台，（在这个平台上）供应商可以输入案例信息，合同管理人员可以审查合规性和成果。这个平台大约涉及了30%的合同。同时，案例管理系统正在换代，以使用户的设施升级，并增强数据的可量化程度和可靠性。

8.6　结论

我们分析评估了将绩效预算纳入青少年司法工作的影响。总体而言，实施绩效预算似乎可以产生积极或至少稳定的资金结果。我们的在线调查结果表明，绩效改善的机构和更多参与绩效预算的机构更有可能维持或增加资金。这与怀俄明州的青少年司法联系人在回答关于"为何可以将绩效信息用于预算"的问题时，所阐述的内容相一致。该联系人表示，虽然州政府对数据有法定要求，但还有其他激励手段："我讨厌这样说，但总体上节省预算（资金）是合理的。"随着政府资金的减少和流动，维持公共管理人员的资金水平仍然非常重要。绩效预算的实施可以帮助实现这一目标。

我们还发现，实施绩效预算可以提高服务绩效，其行为可以在四个预算阶段中均产生重大影响。我们对于绩效预算原则的周期性分析表明，绩效预算在不同阶段的使用，可能改变政策，进而反过来影响预算。我们认为，这种改变可能带来一些问题，也描述了绩效预算所产生的意外（负面）结果。虽然它们是客观存在的（并且在青少年司法实践中得到证实），但并非不可接受。最后，我们介绍了密苏里州和康涅狄格州的案例，具体说明了两个州政府应如何将绩效预算实践落地。这两个州实践的成功，是通过开展多样化活动和举措而实现的，且两州的绩效预算法规都是不完全的。此外，在青少年司法领域中，这两个州都在深入践行绩效预算原则，不断向前迈进，以实现目标。

参考文献

Davis, O. A., Dempster, M. A. H., and Wildavsky, A. (1966). A theory of the budgetary process. *American Political Science Review*, 60(3), 529–547.

Hart, B. (2016). Juvenile justice in Arizona: The fiscal foundations of effective policy. January. Children's Action Alliance. Morrison Institute for Public Policy, Arizona State University.

Henggeler, S. W., and Schoenwald, S. K. (2011). Evidence-based interventions for juvenile offenders and juvenile justice policies that support them. *Social Policy Report* 25(1), 3–22.

Hinton, W. J., Sims, P. L., Adams, M. A., and West, C. (2007). Juvenile justice: A system divided. *Criminal Justice Policy Review*, 18(4), 466–483.

Justice Policy Institute. (2014). Calculating the full price tag for youth incarceration. Washington, D.C.: Justice Policy Institute.

——. (2009). The costs of confinement: Why good juvenile justice policies make good fiscal sense. May. Accessed on September 1, 2016 at: www.justicepolicy.org/images/upload/09_05_rep_costsofconfinement_jj_ps.pdf.

Juvenile Justice Evaluation Center. (2004). Approaches to assessing juvenile justice program performance. Program Evaluation Briefing Series, #7. Accessed on April 30, 2018 at: www.jrsa.org/pubs/juv-justice/approaches_assessing.pdf.

Juvenile Justice Geography, Policy, Practice and Statistics (JJGPS). Connecticut. 2018. Accessed on April 30, 2018 at: www.jjgps.org/juvenile-justice-services/connecticut.

——. Missouri. 2018. Accessed on April 30, 2018 at: www.jjgps.org/juvenilejustice-services/missouri.

Lipsey, M. W., Howell, J. C., Kelly, M. R., Chapman, G., and Carver, D. (2010). Improving the effectiveness of juvenile justice programs: A new perspective on evidence-based practice. December. Center for Juvenile Justice Reform, Georgetown University.

McCarthy, P., Schiraldi, V., and Shark, M. (2016). *The future of youth justice: A community-based alternative to the youth prison model.* U.S. Department of Justice, Office of Justice Programs, National Institute of Justice.

Norcross, E., and Gonzalez, O. (2017). Ranking the states by fiscal condition. July. Mercatus Research, Mercatus Center at George Mason University, Arlington, Virginia. Accessed on April 30, 2018 at: www.mercatus.org/statefiscalrankings.

OJJDP Statistical Briefing Book. (2018). Accessed on April 30, 2018 at: www.ojjdp.gov/ojstatbb/structure_process/qa04205.asp? qaDate=2016. Released on March 27, 2018.

Utah Juvenile Justice Working Group. (2016). Utah juvenile justice working group: Final report. Accessed on June 22, 2017 at: http://utahpolicy.com/index.php/features/featured-articles/11777-utah-juvenile-justice-working-group-releases-recommendations-to-improve-juvenile-justice-system-and-promote-better-public-safety-outcomes.

Wildavsky, A. (1978). A budget for all seasons? Why the traditional budget lasts. *Public Administration Review*, 38(6), 501–509.

第 9 章　对绩效预算的反思

引言

在本书的最后一章中，我们主要从理论和实践的角度对绩效预算进行再思考。回顾我们的研究，前8章从州政府预算、财务和绩效文件及报告中抽取了主要与次要数据；依据来自青少年司法智库、基金会、出资机构的研究和数据来进行评价；对全国各州青少年司法行政人员的在线调查回复和访谈进行了整理。在此，我们通过阐释一个基于实践经验的公共预算绩效信息框架来进行总结。同时，我们提供了令人信服的理由，应该继续施行绩效预算，以提升政府绩效并加强预算问责。

9.1　五点反思：整合过去和现在的绩效预算研究

绩效测量和绩效预算在美国已经存在了一个多世纪。"1906年后，纽约市政研究所（NYBMR）首次实践了典型的绩效测量"（Williams，2004，p.132），"我们认为，第一次真正的绩效预算改革浪潮出现在20世纪50年代，是在总统预算局（BOB）的指导下进行的"（Jones and McCaffery，2010，p.483）。1993

年《政府绩效与结果法案》（GPRA）的通过，是绩效预算爆发式运用的开端，之后的十年间，绩效预算在联邦政府和州政府层面不断地扩散发展。我们能够从过去和现在绩效预算的研究中学到什么呢？我们将其整合为以下几个方面：

*第一，绩效预算的法律基础不断完善且呈现多样化。*本书第1章介绍了一系列联邦政府的改革法案（例如，克林顿总统任期内的GPRA、布什总统任期内的PART系统、奥巴马总统任期内的GPRA现代化法案），第2章指出，拥有绩效预算法律的州的数量，由20世纪80年代的5个，增加至2017年的42个，这些现象都说明，立法是使绩效预算合法化，并对绩效预算进行激励和指导的一种方式。值得注意的是，传统预算和现阶段大多数的预算都是增量预算，且预算是强大的（政治）利益相关者和决策制定者对资源进行分配的结果。其中人与人之间的权力关系（Dale，1957）持续存在，且情感占据重要位置。因此，在公共预算中理性是天然缺失的。为绩效预算立法，则是在预算政治的森林中埋下了绩效的种子。正如我们在研究中发现的那样，许多州的青少年司法行政人员都强调绩效法律对其运作的重要影响。此外，立法者的兴趣与州长的倡议，也在很大程度上影响了州青少年司法的运作。

当然，这并不是说绩效预算就是唯一的出路，也不是说法律需要对绩效预算的每一个细节进行规定。相反，与过去的研究相一致（Anderws，2004；Breul，2007；Chi，2008；Lu，Willoughby and Arnett，2009；Melkers and Willoughby，1998），本研究为绩效预算法律的信号效应（signaling effect）、法定性（statutory）以及由此而产生的系统一致性（system coherency）提供了支持。需要指出的是，并不是所有的法律在创立之初都是一样的，我们在此提供了相关细节。我们对其进行剖析并将不同内容突出显示，发现其在综合性、问责制及发生率方面，均存在巨大的差异。贯穿这些法律的运行线索是，绩效预算系统中各方面明确的共同责任，能够促进绩效和预算的有效整合。一般而言，具有综合性（integrative）、问责性（accountable）、全面性（comprehensive）和共同责任（shared-responsibility）要素的法律，更有可能出现在那些绩效预算整合实践表现得更好的州。

*第二，绩效预算在预算周期的四个阶段均有所体现。*Joyce（2003，p.20）

提出了知晓型绩效预算在预算周期四个阶段的潜在运用方式。在他所提建议的基础上，本研究从机构的角度证明了绩效在预算中的实际用途，它不再是潜在的，而是真实地存在于预算进程的所有阶段中。此外，其用途是多样的，如遵从、沟通、管理、预算、计划和问责。绩效在预算进程的不同阶段发挥着不同的作用。在预算的编制阶段，绩效信息更多地被用于战略规划制定和预算调整；在预算的审批阶段，绩效信息更多地用于与立法机构进行沟通，以证明预算是合理的；在预算的执行阶段，追踪绩效信息更为重要，管理职能体现得更为明显；在预算过程的第四阶段——审计和评价阶段，合规性是绩效预算的重要因素。考虑到在预算的不同阶段，绩效信息使用的重点不尽相同，未来的研究需要进一步明确预算阶段。类似地，Behn（2003）曾指出，不同的预算目的，需要不同类型的绩效指标。在这种情况下，不同阶段的不同主导方向、系统和背景，均需要特定的绩效指标。在预算过程的各个阶段中，"绩效信息遵从绩效报告的要求"这一主题始终排在高位，并对公共资金支出的合法性保持高度警惕。我们的研究还表明，制度的持续性，对绩效预算系统的影响力至关重要，这也与前人文献的结论一致（Moynihan and Kroll，2016）。

第三，机构在绩效预算中的视角是独特的，值得进行深入研究。 越来越多的研究者意识到，传统研究仅侧重于中央行政预算办公室和立法机构对绩效数据的使用，这是不够的（Joyce，2003；Lu，2007）。本书的研究证实了机构参与预算和绩效整合的广度与深度。各机构在绩效预算的每个阶段都很活跃，且其用途涵盖了绩效预算系统的各个方面：遵从、沟通、管理、资源分配、计划和问责。公共预算编制过程中的主要利益相关方，都没有表现出这种广泛的参与。为了将绩效融入组织结构中，各机构的看法是极为关键的。在整个研究过程中，从采访州政府行政人员的对话中，我们感受到了员工的参与热情对绩效预算和管理的重要性。这也与最近几份报告的关注点和结论相一致（U.S. Government Accountability Office，2017；National Academy of Public Administration，2018）。这表明，可以在各机构中找到进一步深化绩效预算和管理活动的下一个引擎。

不过，我们的研究还发现，机构受其运营环境的限制。譬如，它们承担的违法儿童案件量是由法院决定的，机构无法控制，并且它们的大部分资金都是依据公式计算获得的。青少年司法部门的绩效面临多方面的挑战：青少年的成长本身即为一项微妙的个性化看护工作，复杂的参与主体，提供这种看护的集体努力程度，政策变化，州政府的政治、技术、组织和文化背景——许多事情都超过了机构的控制范围，或显然难以驾驭。一些州致力于改善绩效监测系统。一些州则关注利益相关者将绩效信息用于决策的方式所带来的涟漪效应。重要的是，由于绩效和预算之间的关系是难以控制的，机构面临着利益相关者和决策制定者对绩效的态度变化不定的局面。

第四，基于共同承诺的绩效文化、值得信赖的高质量的测量技术、绩效任务和运营的整合相关的绩效任务，构成了绩效预算成功施行的"三部曲"。实践中，绩效预算的实施有时会受到错误实施和象征性实施的干扰。在不同的政府环境下，如何有效地实施绩效预算，仍是困扰诸多研究者的难题（Julnes and Holzer，2001；Redburn and Newcomer，2008；Bischoff and Blaeschke，2016；Franklin，2006；U.S. Government Accountability Office，2017；Hendrick，2000；Hijal-Moghrabi，2017；Joyce，2011；Lee，1991；Lu，Mohr and Ho，2015；Lu，Willoughby and Arnett，2011；Melkers and Willoughby，2004；Moynihan and Lavertu，2012；Moynihan，2015；Moynihan and Kroll，2016；Rivenbark and Kelly，2006；Robbins，Simonsen and Shepard，2009；Robinson and Brumby，2005）。在这些文献的基础上，我们通过总结，将影响因素归纳为三类——文化类、技术类和运营类——正如第1章中所提到的。第4章至第7章根据预算阶段，结合预算编制中绩效的各种用途，来检验这些因素。最佳模式应致力于通过这三类要素对绩效信息在预算过程中的使用产生影响。倘若我们依据预算阶段对这三类因素的影响情况进行汇总（参见表9-1），会发现每类因素中影响范围最广的前三位为：

- 文化类——共同承诺
  - 议会
  - 立法预算办公室
  - 机构工作人员

- 技术类——高质量测量
  - 绩效数据容易收集
  - 我对绩效测量的看法受到他人的重视
  - 我们的绩效指标与社会福祉相关
- 运营类——与绩效的整合
  - 我们运用绩效数据来判断项目是否成功
  - 我们会定期收到有关项目的绩效反馈
  - 以下两点之间的纽带：
    - *本机构以非常紧张的预算来满足服务需求
    - *本机构在确定人事问题方面具有一定的灵活性

表9-1　　　　预算中与不同因素显著相关的绩效信息的使用次数

文化类——共同承诺	使用次数
州议会	14
立法预算办公室	14
机构工作人员/项目工作人员	12
审计人员/审计办公室	10
州长	8
机构管理人员	6
机构领导者	5
中央/执行预算办公室	5
支持者	5
接受服务的青少年和家庭成员	3
一般公众	2
技术类——高质量测量	
绩效数据容易收集	15

续表

技术类——高质量测量	使用次数
我对绩效测量的看法受到其他人的重视	11
我们的绩效指标与社会福祉相关	10
本机构在过去两年中使用过绩效指标	8
我们会定期检查绩效指标是否适当	7
总的来说，我们信任绩效测量系统中生成的数据	5
我们使用多种指标来评估不同项目的结果	4
本机构拥有清晰的、可测量的目标	4
将绩效指标与我们机构的项目结果结合起来很容易	4
我们有充足的资源来编制绩效指标	3
运营类——与绩效的整合	
我们运用绩效数据来判断项目是否成功	12
我们会定期收到有关项目的绩效反馈	9
我们的机构为满足服务需求可用的预算非常紧张	8
本机构在确定人事问题方面具有一定的灵活性	8
评估绩效结果有助于我们更好地履行使命	7
我们的机构在资金周转方面有一定的预算灵活性	7
我们定期召开有关绩效进展的会议	6
我们定期使用绩效指标来调整战略计划	5
我们是一个数据驱动的机构	5
评估绩效结果有助于我们作出更好的决策	5
我们运用绩效数据来监测战略计划的执行情况	4
我们部门的组织结构适合使用绩效指标	3

我们经常忽略的是，绩效预算的实施需要立法机构和机构自身的参与。绩效测量的开发过程需要具有参与性，与政府服务具有相关性，并具有数据收集的便利性。此外，紧张的预算有助于推动绩效预算的发展。同时，需要建立激励措施的反馈系统，以识别成功与否。

这些总结并不包括跨预算阶段使用的细微差别。需要注意的是，这些因素的影响在不同的阶段有不同的表现。例如，在预算执行阶段，州长对绩效预算的影响最大，而在预算编制阶段，运营类因素中的紧张预算是最为相关的。未来的研究应该考虑影响绩效的因素，这些因素会因预算周期的不同而不同。

第五，绩效预算不仅会影响现阶段的绩效，也会影响未来的预算。 或许最具启发性的发现是绩效预算并不是一项演练活动。它对政府运作的诸多方面都产生了影响。该研究考察了绩效预算对（短期和长期）资金和服务绩效的影响，并强调了其可能产生的意外结果。我们并没有发现短期内对资金结果的影响。但是，我们确实发现了绩效预算与长期资金绩效和服务绩效之间的关联。当然，我们的结论还不够成熟，需要进行更加深入的研究，对其他州政府、其他层级或其他国家的政府和机构的情况进行考察。此外，我们还发现，绩效预算的意外结果并不是无处不在或无法克服的。（至少对于这些州的机构是这样的！）更多地使用绩效预算并不一定会导致更多的意外结果。总而言之，我们发现，绩效预算产生的正能量与那些预料中的意外后果风险是相伴而生的。

9.2 对绩效预算的再思考

在第 1 章中，我们提到了 Tom Lauth 对绩效预算的定义，即绩效预算是将绩效与资源分配决策纳入同一张表格。我们将绩效预算定义为：（1）功能上：在决策制定过程中引入一组新功能（如绩效导向的战略计划、目标发展、目标设定、监测绩效和评估结果）；（2）文化上：不同于之前关注预算投入的传统文化；（3）整体上：如 DNA 那样（不是两条平行线），在预算周期的所有阶段，整合绩效信息和活动；（4）关系上：各利益相关方的共同承诺和责任是至关重要的。这些概念对我们的研究是非常有用的。为期两年的书稿写作，让我们深入了解了绩效预算的细微差别和具体情况，同时，我们也发现了一些值得进一步研究和讨论的问题。

第一，**绩效预算的含义是什么？**我们意识到，当前关于绩效预算的研究主要集中于绩效预算的影响。**我们将其归纳为三个层面的影响：对预算进程的影响、对预算结果的影响、对以绩效驱动的政府治理的影响。**包含本研究在内，关于绩效预算对预算进程影响的研究有很多（Joyce，2011；Lu，Mohr and Ho，2015；Willoughby and Melkers，2000）。绩效预算通过引入绩效测量、目标设定、绩效监测和评估，来统御预算的全过程。也有一些研究关注绩效预算对预算结果的影响（Gilmour and Lewis，2006；Heinrich，2012；Ho，2011；Labinot，2017；Moynihan，2015），虽然最新的一些研究梳理了绩效预算对预算结果的积极影响，但大多数研究并没有发现绩效预算与预算结果之间的直接联系。

尽管如此，当前对绩效预算能够做什么的研究，依然十分有限。在某种程度上，这些研究聚焦于绩效预算的"控制"（Schick，1966）功能，即通过绩效评估来控制资金。那么，预算的管理和计划功能又是如何体现的呢？我们对绩效和预算结果的接近程度提出了适当的警告。我们的研究发现，无论如何定义绩效，绩效预算都能够影响政府绩效。将预算与绩效挂钩的作用在于提升绩效的重要性。这是引起人们注意的一种方式，关注绩效并不一定意味着绩效与资金存在任何机械联系。因此，我们建议继续扩大关于绩效预算影响研究的覆盖面，以涵盖政府绩效的更多方面。我们的计划是否会因为绩效预算而更加完善？绩效预算的实施是否会提升绩效？绩效预算是否会改善政府治理？我们将绩效预算重新定义为以绩效驱动政府治理的重要工具。未来的研究可以更加关注于绩效预算对政府治理的影响。

第二，**如何研究各机构服务领域内的绩效预算？**这一研究中有一个意想不到的困难，即在测量青少年司法结果方面缺乏可比较的绩效数据。这对我们来说完全是一个意外，因为在州政府的各类功能和服务中，这一领域的数据收集和提供一直处于前沿地位。虽然美国具有包含各州青少年司法相关的数据和指标的数据仓库，但其中大部分都无法在各州之间进行比较。我们与纽约城市大学约翰·杰伊学院青少年司法领域学者的探讨，以及 McCarthy、Schiraldi 和 Shark（2016，p.13）的研究均指出，再犯罪率作为一个常见的司法结果指标，可能与青少年司法并不相关，因为"每个州都依据本州的定义来报告再犯罪率，但并没有一个统一的全国性指标"。尽管在某一领域进行研究能够在横向可比性方面具有一定优势，但机构绩效预算研究需要依据时间进行纵向研究。富有成效的绩效预算比较研究，需要具有可比性的绩效数据。

此外，鉴于不同公共机构提供服务的独特性和可变性，若想全面了解各机构的绩效经验，我们还有很长的路要走。由于服务提供协议、法律义务、文化氛围等因素的不同，每个服务类型/机构的绩效预算都有自己的"风格"。譬如，在青少年司法领域，一个青少年司法部门是应该提供服务还是惩罚违法少年，在测量项目成功与否，以及将绩效应用于预算和管理之中时，这种区分是非常重要的。***绩效预算的深化不仅需要将绩效预算视为一种全面的绩效政策来处理，还需要将其视为一种依据服务（机构）的特征制定的、量身定制的绩效政策。***

第三，***能够运用绩效来确定成本吗？***绩效背后最古老的观念，始于纽约市政研究所率先提出的效率和有效性，以及当时作为"典型绩效测量实践"先行者的"成本会计的最新进展"（Williams，2004，p.132）。但是，通过绩效来确定成本，解决"以多少成本来实现绩效"之类的问题，并非易事。在没有清楚地了解绩效成本的情况下谈论绩效预算，充其量只是一个善意但盲目的追求。尽管预算文件中经常包含绩效信息，但我们的研究发现，准确识别绩效产出对应的预算成本，仍然是一项极具挑战性的工作。原因之一或许在于，绩效信息系统与预算信息系统之间的关联并非系统性的。如果数据能够以"多少成本来实现绩效"的方式进行精准匹配，那么绩效预算的更多影响将会浮出水面。只有这样，才能更好地理解额外资金的边际绩效收益。

第四，***绩效预算如何变得次序化和结构化？***绩效预算在执行时有太多可变的因素及系统协调性问题，这种协调性使某种顺序和结构是可以预期的。问题是，如何实现？我们并没有找到答案。基于对各州的访谈和调查中显示的新"模式"，我们发现了一个顺序：从测量开发、绩效监测、反馈机制、绩效管理到绩效预算。那些在基础工作（如测量）中挣扎的往往是绩效的"新生儿"。一些州已经开始监测绩效情况，但并未将类似指标应用于决策制定，这是因为它们正在检验测量的有效性和可靠性，这是一种良好的预防措施。一个重要的体现是，将绩效作为预算管理职能的核心是一个不可避免的、不可或缺的步骤，是绩效预算合法、正常运行和审慎的前提。若缺乏管理步骤，运用绩效去控制资金或提高绩效，将是徒劳的。

为了制定绩效预算的法律，可以对绩效系统的法律基础和执行命令进行追踪与分析。本研究针对立法进行了追踪。这是一种制定绩效预算的方法——了解多个系统，弄清楚构成要素，并进行模式评估。这也是通过预算阶段来审查绩效预算的重要步骤，以确定法律如何以连贯的方式来规范这些活动。而围绕文化、技术和运营来构建绩效预算尤为重要，这三个要素我们在第1章已经进行了详细阐述。

最后，*是否持续关注绩效预算？*通过研究，我们的答案是肯定的。我们在此所付出的努力，是无法与340多年的公共服务相比的，我们所采访的这些公共服务机构一直在刑事和青少年司法、保健和福利服务领域为各州提供广泛的综合服务。我们与青少年司法和预算专家的对话是令人振奋的，感谢他们让我们在短时间内进入他们的世界，了解他们如何管理和编制预算，从而为儿童和青少年创造更美好的未来。忽略工作中的困难，这些对话都有一个一致的主题，即我们在这里为委托给本州照管的青少年提供最好的服务、项目和成功的可能性。这些管理人员认为，绩效预算和管理是预算短缺和波动之"新常态"下的必需品，更重要的是，它还是使青少年重获新生的方式，是对他们所做事情的价值证明，是对他们所服务的人群应尽之义务。

参考文献

Andrews, M. (2004). Authority, acceptance, ability and performance-based budgeting reforms. *International Journal of Public Sector Management*, *17*(4), 332–344.

Behn, R. D. (2003). Why measure performance? Different purposes require different measures. *Public Administration Review*, *63*(5), 586–606.

Bischoff, I., and Blaeschke, F. (2016). Performance budgeting: Incentives and social waste from window dressing. *Journal of Public Administration Research & Theory*, *26*(2), 344–358.

Bruel, J. D. (2007). GPRA: A foundation of performance budgeting. *Public Performance & Management Review*, *30*(3), 312–331.

Chi, K. S. (2008). *Four strategies to transform state governance*. Washington, D.C.: IBM Center for the Business of Government.

Dale, R. A. (1957). The concept of power. *Systems Research and Behavioral Science*, *2*(3), 201–215.

Franklin, A. L. (2006). Performance budgeting for state and local government. *Public Budgeting & Finance*, *26*(1), 157–158.

Gilmour, J. B., and Lewis, D. E. (2006). Assessing performance budgeting at OMB: The influence of politics, performance, and program size. *Journal of Public Administration Research & Theory*, *16*(2), 169–186.

Heinrich, C. J. (2012). How credible is the evidence, and does it matter? An analysis of the Program Assessment Rating Tool. *Public Administration Review*, *72*(1), 123–134.

Hendrick, R. (2000). Comprehensive management and budgeting reform in local government: The case of Milwaukee. *Public Productivity & Management Review*, *23*(3), 312–337.

Hijal-Moghrabi, I. (2017). The current practice of performance-based budgeting in the largest U.S. cities: An innovation theory perspective. *Public Performance & Management Review*, *40*(4), 654–675.

Ho, A. T. (2011). PBB in American local governments: It's more than a management tool. *Public Administration Review*, *71*(3), 391–401.

Jones, L. R., and McCaffery, J. L. (2010). Performance budgeting in the U.S. federal government: History, status and future implications. *Public Finance and Management*, *10*(3), 482–523.

Joyce, P. G. (2011). The Obama administration and PBB: Building on the legacy of federal performance-informed budgeting? *Public Administration Review*, *71*(3), 356–367.

——. (2003). *Linking performance and budgeting: Opportunities in the federal budget process*. Washington, D.C.: IBM Center for the Business of Government.

Julnes, P. d. L., and Holzer, M. (2001). Promoting the utilization of performance measures in public organizations: An empirical study of factors affecting adoption and implementation. *Public Administration Review*, *61*(6), 693–708.

Labinot, D. (2017). What can performance information do to legislators? A Budget-Decision experiment with legislators. *Public Administration Review*, *77*(3), 366–379.

Lee, R. D., Jr. (1991). Developments in state budgeting: Trends of two decades. *Public Ad-

ministration Review,51,254-262.

Lu,E. Y.,Mohr,Z.,and Ho,A. T. (2015). Taking stock：Assessing and improving performance budgeting theory and practice. *Public Performance & Management Review*,38(3),426-458.

Lu,Y. (2007). Performance budgeting：The perspective of state agencies. *Public Budgeting & Finance*,27(4),1-17.

Lu,Y.,Willoughby,K.,and Arnett,S. (2011). Performance budgeting in the American states：What's law got to do with it? *State and Local Government Review*,43(2),79-94.

——. (2009). Legislating results：Examining the legal foundations of PBB systems in the states. *Public Performance & Management Review*,33(2),266-287.

McCarthy,P.,Schiraldi,V.,and Shark,M. (2016). The future of youth justice：A community-based alternative to the youth prison model. *New Thinking in Community Corrections Bulletin*. NCJ 250142.

Melkers,J. E.,and Willoughby,K. G. (2004). *Staying the course：The use of performance measurement in state governments*. Washington,D.C.：IBM Center for the Business of Government.

——. (1998). The state of the states：Performance-based budgeting requirements in 47 out of 50. *Public Administration Review*,58(1),66-73.

Moynihan,D. P. (2015). Uncovering the circumstances of performance information use findings from an experiment. *Public Performance & Management Review*,39(1),33-57.

Moynihan,D. P.,and Kroll,A. (2016). Performance management routines that work? An early assessment of the GPRA Modernization Act. *Public Administration Review*, 76(2), 314-323.

Moynihan,D. P.,and Lavertu,S. (2012). Does involvement in performance management routines encourage performance information use? Evaluating GPRA and PART. *Public Administration Review*,72(4),592-602.

National Academy of Public Administration. (2018). *Strengthening organizational health and performance in government*. Accessed on April 1,2018 at：www. napawash. org / uploads / AWP_6_Case_Studies_of_U. S. _Federal_Approaches_to_Improve_Employee_Engagement_and_Organizational_Health.pdf.

Redburn,F. S.,and Newcomer,K. (2008). *Achieving real improvement in program performance and policy outcomes：The next frontier*. *Washington*,D.C.：National Academy of Public Administration.

Rivenbark,W. C.,and Kelly,J. M. (2006). Performance budgeting in municipal government. *Public Performance & Management Review*,30(1),35-46.

Robbins,M. D.,Simonsen,B.,and Shepard,E. (2009). Citizens,budgets and performance measures：A case study of West Hartford,Connecticut. Journal of Public Budgeting,*Accounting & Financial Management*,21(3),426-453.

Robinson,M.,and Brumby,J. (2005). *Does performance budgeting work? An analytical review of the empirical literature*. No. WP/05/210). Washington,D.C.：International Monetary Fund.

Schick,A. (1966). The road to PPB：The stages of reform. *Public Administration Review*,26

(4), 243-258.

U.S. Government Accountability Office (GAO). (2017). Managing for results: Further progress made in implementing GPRA Modernization Act, but additional actions needed to address pressing governance. No. GAO-17-775. Accessed on April 1, 2018 at: www. gao.gov/products/GAO-17-775.

Williams, D. W. (2004). Evolution of performance measurement until 1930. *Administration & Society*, *36*(2), 131-165.

Willoughby, K. G. and Melkers, J. E. (2000). Implementing PBB: Conflicting views of success. *Public Budgeting & Finance*, *20*(1), 105-120.

附录A　研究方法

　　本书的研究需要从美国50个州政府和这些政府的青少年司法机构及其系统中收集财政、预算、组织和绩效数据。我们的方法包括：通过对州政府青少年司法官员进行在线调查，并对其中一些官员进行电话访问，来收集原始数据。所有的调查协议均经过我们大学的机构审查委员会（IRB）批准。所有的访谈数据都是保密的，并且在本书所呈现的结果中未对访谈者进行身份识别。我们还收集并分析了来自多个二手来源的数据。除非另有说明，此处包含的所有预算和财务数据，均来自美国州政府门户网站提供的公共预算和财务文件。下面说明我们的方法：

　　1.美国州政府对绩效预算法的审查和评分（2016—2017）：该研究的第一阶段要求作者以及来自佐治亚州亚特兰大市、佐治亚州立大学的一名MPA研究生（Anna Sexton）重新审视以下研究，并更新Lu和Willoughby法律指标体系中的州绩效预算法和分数。第2章介绍了这些更新的法律。

　　• Lu，Y.，and Willoughby，K.（2015）. Performance budgeting in American states： A framework of integrating performance with budgeting. *International Journal of Public Administration*，38（8），562-572.

● Lu，Y.，and Willoughby，K.（2012）. Performance budgeting in states：An assessment. *IBM The Business of Government*（Fall/Winter），71–75.

● Lu，Y.，and Willoughby，K.，and Arnett，S.（2011）. Performance budgeting in American states： What's law got to do with it？ *State and Local Government Review*，43（2），79–94.

● Lu，Y.，and Willoughby，K.，and Arnett，S.（2009）. Legislating results：Examining the legal foundations of PBB systems in the states. *Public Performance and Management Review*，33（2），266–287.

● Melkers，J.，and Willoughby，K.（1998）. The state of the states： Performance-based budgeting requirements in 47 out of 50. *Public Administration Review*，58（1），66–73.

2.州政府青少年司法机构管理人员的在线调查（2016—2017）：在研究的第二阶段，作者与绩效标准研究机构（PbS）合作，调查青少年司法管理人员在预算中使用绩效指标的情况。该机构是一个标准制定组织，支持研究并为美国的青少年司法机构、设施和提供监舍者以及青少年惩戒管理员委员会（CJCA）提供支持。作者在2016年秋季制定了调查问卷，并将邀请函通过电子邮件发送给青少年司法机构的负责人。[1]为了进一步提高我们的回复率，PbS对机构负责人进行了跟进。调查从2016年秋末到2017年春季仍然有效。我们收到了来自24个州的回复（回复率为48%）。由于不是每个调查参与者都对所有项目作出回答，因此根据项目的不同，单个项目的观测样本数从20到21不等。邀请函和调查问卷附在文后。请注意，除了完成我们的学术机构IRB关于回复的机密性和数据安全性的研究要求之外，我们对基于互联网参与调查的方式还添加了"同意"程序。在收到介绍信之后，联系人必须通过对调查请求这一问题选"是"，才能参与。如果联系的人不想参加，他们可以离开页面和（或）关闭网页。只有对调查请求这一问题选"是"的人，才能访问并完成调查。

3.州政府青少年司法机构管理人员的电话采访（2017年5月至7月）：在研究的第三阶段，作者针对绩效预算法，对来自14个州的19名州政府青少年司法机构人员进行了半结构化的电话访谈。被联系并加入这部分研究的官员头衔包括：青少年司法机构主任、副主任、主任办公室里的项目专家、项目经理、幕僚长和首席财务官。截至 2016 年，联系到 40 个州的官员（不包括堪萨斯州和新罕布什尔州的官员，因为这些州最近的绩效预算法规妨碍了实践）参加了两位作者的访谈。我们大学的 IRB 批准了免除这些访谈所需的同意文件的请求。因为完成访谈对受访者造成伤害的风险很小，访谈没有那些需要在研究背景之外获取书面同意的步骤。我们询问了有关官员对绩效测量方法的使用以及公共服务相关预算和管理的信息（下面列出的问题）的看法。受访者是精通有关其职责、责任、活动和计划相关问题的政府官员。除非他们口头同意参与研究，约定访谈日期和时间，并在指定的时间内空出时间，否则不会对官员进行访谈。来自 14 个州的 19 名官员对访谈要求作出积极回应；三次访谈包括来自该州青少年司法机构的两名官员；一次采访包括来自该州青少年司法机构的三名官员。该调查实现了 35% 的回复率。

访谈是实时进行的（未录音），两位作者都做了笔记。访谈持续了 45 分钟到一个半小时。两位作者均参加了所有访谈。然后由两位作者核对访谈记录，整理并返回给受访者进行更正、阐明，有时还会增加其他有用的信息。尽管案例中包含的所有引用都归于这些来源，但本研究中该部分的参与者在本书中并未进行身份识别。因此，我们将这些来源称为每个州的"我们的联系人"。

电话访谈问题见下面。提前向参与者发送了问题以便准备访谈。必要时，我们会要求受访者提供实例和（或）进一步解释他们的回答。也就是说，如果受访者表示绩效测量在其机构的预算流程中发挥作用，我们会询问有关何时以及如何发生这种情况的详细信息，以及能够提供背景信息的实例。大多数受访者在没有被要求的情况下，提供了实例并进一步阐述，以示其回答符合当时背景。

●感谢您今天与我们交谈。首先，您是否可以提供一些使您进入您所在州的青少年司法机构的教育和工作背景的信息？

●您能否向我们解释在贵机构中，绩效指标是否以及如何使用和（或）影响管理和（或）预算决策？

●随着预算流程向预算建议、立法审查并通过执行和审计推进，绩效测量是否会为贵机构发挥作用?

- 在贵机构预算流程的哪一阶段,这些指标更为重要?

- 在贵机构制定有关项目和服务的预算决策时,哪些信息对您最有帮助?

- 指标的类型有很多种,包括长期指标和短期指标,综合性指标和分项指标——在您的工作中哪些类型的数据对您最有帮助?

- 在制定预算绩效指标时,是否会产生意想不到的结果?

- 目标是否已确定,如果确定,它们是如何确定的?

- 是否有因达到目标而进行奖励,或未达到目标进行处罚?

- 使用绩效指标是否会导致您的机构出现任何创新?

- 指标是否在您的机构的组织文化中发挥作用?

- 您对不同承包商是否采取相同的测量和报告要求?

- 您认为管理您的项目面临的最大挑战是什么?

- 您是否目睹了使用绩效指标进行预算编制的任何意外结果?

- 除了与收集、分析和报告数据相关的法定要求和(或)领导力举措外,还有其他激励措施来推动数据的使用吗?

4.关于州政府青少年司法组织、预算编制和绩效评估使用的研究报告(2018年1月至4月):在研究的第四阶段,研究报告用于补充州政府青少年司法工作的绩效和预算的深入分析,并由参与2018年春季学期修读PADP6930(公共财政管理)课程的佐治亚州立大学公共管理专业毕业生进行数据收集和报告,这些学生由其中一位作者指导。学生们两人一组,完成关于其指定的州政府绩效预算和青少年司法工作整合的研究报告。我们研究的这部分包括截至2016年具有预算绩效法的40个州,减去上述研究提到的那些在第三阶段由作者对青少年司法官员进行访谈的州。本研究第四阶段所讨论的州的绩效预算法,在第2章中由Lu和Willoughby从"全面"到"不全面"进行了评分。此外,所选州在美国具有广泛的区域代表性。该研究报告要求学生对其指定的州政府青少年司法组织、财务和绩效进行深入分析。报告包括对过去六年的收入和支出的分析、预算过程的证明、州内绩效预算法的确认,以及讨论绩效预算是否以及如何应用于政府中的青少年司法项目。学生需要获得有关立法和预算的文件，并收集完成趋势分析所需的财政和绩效数据。学生及其分配的州如下：

指定的州	负责的学生
亚拉巴马州	Patrick Cormick 和 Simon Williamson
加利福尼亚州	Parker Brooks 和 Hannah Hall
特拉华州	Laitin Beecham 和 Charles Wurst
夏威夷州	Truett Floyd 和 Emily Stone
印第安纳州	Christopher James 和 Lily Thomas
艾奥瓦州	Angela Hurt 和 Kyoungmin Kim
肯塔基州	Youngwook Koh 和 Jordan Rodges
密西西比州	Katherine London, Rachel Madariaga 和 Margaret Middleton
内布拉斯加州	Madison Kosater 和 Lisa Nguyen
新墨西哥州	Sihwan Kim 和 Ryan Rose
俄克拉何马州	Grace Trimble 和 Stuart Swinea
弗吉尼亚州	Michael Duckett 和 Cody Wertheimer
华盛顿州	Timothy Collings 和 Annelise Wornat

5.关于州政府青少年司法之组织、预算、财务和绩效的数据收集（2017年8月至2018年5月）：这项研究与我们研究的其他阶段相吻合。佐治亚州立大学公共行政和政策系公共管理博士生 Jungyeon Park，在2017年秋季学期和2018年春季学期，收集了所有50个州过去六年中关于青少年司法的组织、财政、预算和绩效的数据。

注释

1.除了州青少年司法机构负责人和长官外，PbS还通过电子邮件，向所有参与标准制定的州青少年司法机构和设施的工作人员发送了调查问卷。在本研究中，我们没有使用后一组的回复。

附录 B　调查

介绍信

我们是来自纽约市立大学约翰·杰伊刑事司法学院的陆毅副教授和亚特兰大佐治亚州立大学安德鲁·杨政策研究学院的凯瑟琳·威洛比教授。我们与绩效标准研究机构（PbS）和青少年惩戒管理员委员会（CJCA）合作开展了一个项目，研究青少年司法项目的绩效和预算。具体而言，我们有兴趣了解您所在机构参与绩效测量的挑战和益处。我们的学术研究以及 PbS 和 CJCA 的工作是努力支持像您这样的州机构，以提供最优质、最高效和最有效的青少年司法项目和服务。

您参与此调查是自愿的。您可以拒绝参加研究或随之退出调查而不受处罚。您可以拒绝回答任何您不希望回答的特定问题。

参与本研究没有可预见的风险。我们预计本研究的结果将为您提供有关"哪些可行，哪些不可行"的信息，以及运用此类系统给预算管理和项目成果带来的具体益处。

鉴于您的专业知识，我们通过此次在线调查获悉您的意见。该调查已获得我们大学机构审查委员会的批准，并对所有答复进行保密。数据文件会存储在受密码保护的计算机上。调查要求提供有关贵机构制定的绩效指标，以及这些指标如何用于或未用于您的项目和服务的预算。此次调查大约需要20分钟才能完成。参与者会收到所有调查报告及结果的电子副本。

提前感谢您考虑参与本项研究。如果您对此项研究有任何疑问或疑虑，请通过电话或电子邮件与我们联系，联系方式如下所示。如果您对作为研究参与者的权利有任何疑问，或者您想与其他研究人员交谈，您可以致电646-664-8918联系纽约市立大学研究合规管理员。

陆毅

副教授

公共管理系

约翰·杰伊刑事司法学院

纽约市立大学

西59街445号，邮编：3534N

纽约，NY 10019　电话：646-557-4437

电子邮箱：ylu@jjay.cuny.edu

凯瑟琳·威洛比

教授

佐治亚州立大学安德鲁·杨政策研究学院公共行政和政策系

亚特兰大邮政信箱3992号，邮编：30302-3992　电话：404-413-0117

电子邮箱：kwilloughby@gsu.edu

*1.如果您想参与此调查，请选"是"；否则，请关闭网页。

○ 是

本节标题：指标收集和责任

2.我们想知道您所在机构目前收集的绩效指标以及收集频率。如果您对以下绩效指标的定义与我们的定义相同，请告诉我们收集此类数据的频率。

需求指标：评估公共服务需求（#需要住宿的青少年罪犯的人数）

中间指标或活动指标：工作量（#登记的青少年罪犯的数量）

短期指标或产出指标：与时间和（或）资源有关的工作量（每名青少年罪

犯的支出）

长期指标或成果指标：完成项目目标的程度（#完成项目和释放的青少年罪犯的人数）

	一周一次	一月一次	一季度一次	半年一次	一年一次
需求指标	○	○	○	○	○
中间指标	○	○	○	○	○
短期指标	○	○	○	○	○
长期指标	○	○	○	○	○
其他指标	○	○	○	○	○

其他指标定义如下：

3.检查您是否与下述机构和人员共同承担责任，这些人员与贵机构采用的绩效指标有关。

	发展指标	跟踪改进的监测指标	问责的报告指标
机构和项目人员	○	○	○
机构管理人员	○	○	○
机构领导者	○	○	○
中央/行政预算办公室	○	○	○
绩效/项目评价办公室人员	○	○	○
立法预算/财政和（或）委员会人员	○	○	○
接受服务的青少年和家庭成员	○	○	○
市民团体/专责小组/特别委员会	○	○	○
政府外部专业协会	○	○	○
其他有共同责任的人员或组织	○	○	○

详细说明

本节标题：预算各阶段绩效指标的使用

检查在预算的各个阶段，贵机构的绩效指标用于下述目的的程度。

4.在向行政预算办公室提交预算申请阶段：

	从不	偶尔	有时	经常	总是
证明继续拨款的正当性	○	○	○	○	○
证明增加投拨款的合理性	○	○	○	○	○
论证在机构下属各单位之间战略性分配资金的合理性	○	○	○	○	○
确定服务存在的差距	○	○	○	○	○
确定什么是有效的	○	○	○	○	○
确定机构内部的交叉服务	○	○	○	○	○
比较内部提供的服务和合同外包的服务	○	○	○	○	○
支持机构的战略规划	○	○	○	○	○
遵守绩效报告的要求	○	○	○	○	○
如果项目涉及多个机构合作，则报告跨部门目标和目标的执行进度	○	○	○	○	○
其他	○	○	○	○	○

详细说明

5.在立法机构审查和批准预算阶段：

	从不	偶尔	有时	经常	总是
向立法机关说明预算申请的合理性	○	○	○	○	○
说明缘何向出资人提出申请，而不是向州基金	○	○	○	○	○
遵守绩效报告的要求	○	○	○	○	○
沟通绩效进展或挑战	○	○	○	○	○
其他	○	○	○	○	○

详细说明

6.在预算执行期间：

	从不	偶尔	有时	经常	总是
在机构各下属单位之间分配资金	○	○	○	○	○
在区域（地方）办事处之间分配资金	○	○	○	○	○
传达绩效期望值	○	○	○	○	○
监测成本和绩效	○	○	○	○	○
支持支出灵活性以实现战略重点	○	○	○	○	○
根据绩效来重新分配员工	○	○	○	○	○
检测基准数据	○	○	○	○	○
提供绩效工资	○	○	○	○	○
与利益相关者沟通绩效结果	○	○	○	○	○
追踪绩效数据	○	○	○	○	○
遵守绩效报告的要求	○	○	○	○	○
确定薪资增长	○	○	○	○	○
识别计划是否成功并确定机构奖励	○	○	○	○	○
其他	○	○	○	○	○

详细说明

7.在预算评估/审计期间：

	从不	偶尔	有时	经常	总是
评估绩效进展或挑战	○	○	○	○	○
奖励具有绩效灵活性的高绩效者	○	○	○	○	○
奖励高绩效者特定的购买权	○	○	○	○	○
允许在财年结束时，保留尚未支出且无规定用途的拨款余额	○	○	○	○	○
为高绩效项目的员工提供额外补偿	○	○	○	○	○
降低不符合绩效目标之项目的预算灵活性	○	○	○	○	○
评估是否需要更多地监督不符合绩效目标的项目	○	○	○	○	○
遵守绩效报告的要求	○	○	○	○	○
其他	○	○	○	○	○

详细说明

8.通过检查贵机构在下述年份所经历的整体变化来说明：

	下降	保持不变	上升
机构去年（2015）的绩效	○	○	○
机构去年（2015）的资金	○	○	○
与去年（2015）相比，机构今年（2016）的预算	○	○	○

本节标题：绩效能力和文化

9.下述有关贵机构使用绩效指标的说法，您持赞同或不赞同意见的程度：

	极不同意	不同意	中立	同意	极其同意
我们使用绩效数据，来监测战略计划的实施	○	○	○	○	○
我们定期使用绩效指标来调整我们的战略计划	○	○	○	○	○
我们是一个数据驱动的机构	○	○	○	○	○
我们的绩效指标与社会福祉相关	○	○	○	○	○
我们会定期检查我们的绩效指标是否适当	○	○	○	○	○
我们有充足的资源来编制绩效指标	○	○	○	○	○
容易制定有关活动的绩效指标	○	○	○	○	○
我们制定了管理绩效成果收集和使用的政策	○	○	○	○	○
我们很容易收集绩效数据	○	○	○	○	○
绩效指标有助于预算决策	○	○	○	○	○
评估绩效成果，有助于我们作出更好的决策	○	○	○	○	○
评估绩效成果有助于我们更好地履行使命	○	○	○	○	○
我们使用多种指标来评估各种项目的成果	○	○	○	○	○
绩效目标值在合理范围内设得较高，以激励人们	○	○	○	○	○
我们使用绩效数据来判断项目是否成功	○	○	○	○	○

10.检查您所在州政府机构和人员对使用绩效指标的同意程度。我们的绩效评估系统需要下述机构和人员的承诺：

	极不同意	不同意	中立	同意	极其同意
机构领导者	○	○	○	○	○
机构管理人员	○	○	○	○	○
机构人员和项目人员	○	○	○	○	○
州长	○	○	○	○	○
中央/行政预算办公室	○	○	○	○	○
议会/立法机构	○	○	○	○	○
立法预算/财政办公室	○	○	○	○	○
审计人员/审计办公室	○	○	○	○	○
接受服务的青少年和家庭成员	○	○	○	○	○
一般公众	○	○	○	○	○
支持者	○	○	○	○	○

11.检查您对绩效评估系统的认同程度或不认同程度：

	极不同意	不同意	中立	同意	极其同意
我对绩效评估的看法受到其他人的重视	○	○	○	○	○
我所在的机构有明确的、可测量的目标	○	○	○	○	○
我所在的机构在过去两年中使用了绩效指标	○	○	○	○	○
我们定期召开有关绩效进展的会议	○	○	○	○	○
我们定期收到有关项目绩效的反馈	○	○	○	○	○
总的来说，我们相信绩效评估系统中的数据	○	○	○	○	○
我们的绩效评估体系受法律约束	○	○	○	○	○
我们的绩效评估体系以法律决定或协议为依据	○	○	○	○	○
我们的绩效评估系统接受学术研究和外部监督的指导	○	○	○	○	○
我们的绩效评估系统以行政命令为指导	○	○	○	○	○
我们的绩效评估系统以州政策为指导	○	○	○	○	○

12.贵机构是否出现了下述问题以及出现的频率如何：

	从未发生	很少发生	发生过	经常发生
管理人员与一线员工间的不信任	○	○	○	○
绩效指标与工作蓝图不匹配	○	○	○	○
绩效形成的组织压力过大	○	○	○	○
伪造或篡改绩效数据	○	○	○	○
绩效预算"演练"；报告指标但不使用	○	○	○	○
过于关注绩效表现，忽略由此带来的其他项目成本	○	○	○	○
对无法完全控制的绩效负责	○	○	○	○
数据超载	○	○	○	○

13.您对以下说法的认同程度或不认同程度：

	极不同意	不同意	中立	同意	极其同意
我们机构的组织结构适合使用绩效指标	○	○	○	○	○
将绩效衡量指标与我们机构的项目成果联系起来很容易	○	○	○	○	○
我们的机构在资金周转方面有一定的预算灵活性	○	○	○	○	○
我们的机构为满足服务需求而可用的预算非常紧张	○	○	○	○	○
我们的机构在确定人事问题方面具有一定的灵活性	○	○	○	○	○

本节标题：参与者特征

14.您的项目位于哪个州？

15. 您所属项目的名称?

16. 您现在的职务是什么?

17. 您在目前的岗位工作多少年了?

18. 您的受教育水平是:
○ 高中
○ 大学在读
○ 大学毕业
○ 研究生

19. 您获得的最高学位是什么专业?

20.您可能知道一些具体的例子，在这些例子中，绩效信息对您所在机构的预算决策作出了贡献、提供了帮助或提出了挑战。此外，在您使用的不同绩效指标中，有些可能对您所在机构的预算更为重要。在下面的空白处，请告知绩效信息能否以及如何影响您所在机构的预算，在作出预算决策时，哪些指标对您是最有帮助的。